MW01119896

EL PUEBLO QUE NO QUERÍA CRECER

Ikram Antaki

EL PUEBLO QUE NO QUERÍA CRECER

Polibio de Arcadia

Diseño de portada: Ramón Navarro
Imágenes de portada: Shutterstock
Diseño de interiores: Grafia Editores

© 1996, Ikram Antaki
© 2012, Herederos de Ikram Antaki

Derechos reservados

© 2012, Editorial Planeta Mexicana, S.A. de C.V.
Bajo el sello editorial JOAQUÍN MORTIZ M.R.
Avenida Presidente Masarik núm. 111, 2o. piso
Colonia Chapultepec Morales
C.P. 11570 México, D.F.
www.editorialplaneta.com.mx

Primera edición: enero de 2012
ISBN: 978-607-07-1009-4

Impreso en los talleres de Litográfica Ingramex, S.A. de C.V.
Centeno núm. 162, colonia Granjas Esmeralda, México, D.F.
Impreso y hecho en México – *Printed and made in Mexico*

Ἐρέβω
El Erebo es hijo del Caos

ex falso sequitur quolibet

En el transcurso de los múltiples viajes que efectuó para escribir su Historia, Polibio de Arcadia, hiparco de la confederación aquea, historiador, tutor de Escipión, visitó México y vivió durante largos años entre sus habitantes. Este libro es el resultado de su experiencia.

PRÓLOGO

En la última página de este libro se menciona que Polibio dejó en México un hijo, quien cambió de continente para terminar sus días entre los suyos. Antes de morir, ese hijo descubrió el texto del aqueo. Luego, todos se enteraron de que quien lo escribió fue una mujer nacida en Siria, más heredera de los helénicos que de los árabes.

El hijo de Polibio había peleado con su madre por usar un seudónimo, y durante un tiempo se negó a leer los extractos que relataban la experiencia del griego en México. Cuando lo hizo entendió por qué Ikram había escogido el nombre del historiador que lo vio casi todo. También por qué había adoptado el género masculino: sabía que como mujer, permanentemente tachada de extranjera —un calificativo que en nuestro país, aunque lo neguemos, conlleva un tono de desprecio e insulto—, su palabra se tomaría como un agravio en contra del pueblo que llegó a conocer incluso mejor que los nacidos en él, haciéndose más mexicana que ellos mismos.

Esa lejanía, marcada por la soledad que al final ella misma eligió, le permitió a Ikram ocupar un lugar desde el que puso en duda todo de lo que nos negamos a hablar en el discurso coloquial, descubriendo un país que en sus múltiples deidades —religiosas y no— se aleja del monoteísmo y de la aplicación de los acuerdos que la historia supone y que aquí explica.

Polibio, el griego, el primero, se distinguió por abordar la historia más allá de los eventos, encontrando en el ejercicio de la razón la causa de los acontecimientos y conductas de su pueblo. Ikram hace aquí lo mismo, retándonos a pensar si las culpas que tanto cargamos tienen realmente su origen en la conquista, contra la que hemos venido peleando los últimos quinientos años, o en nuestra idiosincrasia que lucha contra los conceptos más elementales de la convivencia social. Ikram misma se descubre en su tiempo en nuestro continente como una intérprete, envidiable posición que le permite vivir entre los diferentes escenarios (todos ellos), desde los que puede discernir sobre una visión simplista que por definición nos acomoda. El análisis de elementos innegables, sobre los que solo basta echar una ojeada a nuestra historia para descubrir que aquella en la que hemos forjado nuestra identidad no es más que una reescritura de acontecimientos a conveniencia que han logrado, lejos de brindar una identidad homogénea, erradicarla para abrir las puertas a una sociedad llena de contradicciones, las cuales hemos transformado en virtud, cuando no hay nada más alejado de eso para la construcción del país que decimos buscar. Resulta curioso cómo la sensación de pertenencia, tan primordial en cualquier ser y grupo de personas, que termina siendo una de las primeras causas de acciones en el tiempo, es más clara en el texto de una no-perteneciente que en el discurso de los intelectuales obvios que defienden los estandartes antes que darse cuenta de que lo que no solo Ikram, sino muchos de nosotros amamos de México, es la vida en México, no al país que se crea en las ficciones que hemos logrado hacer realidades en el discurso social. Mucho tiempo ha pasado desde que se publicó este libro por primera vez, y lo que Ikram vio en este país realmente no es muy diferente ahora. En estos años y después de centenares de libros que buscan explicar por qué somos como somos, encuentro muy pocos textos como este: un ensayo que bordee la novela antropológica y se nos acerque a través del pensamiento y no de los hechos. Por eso llega a molestar tanto.

El pueblo que no quería crecer no debería leerse solo, habría que precederlo de *El secreto de Dios* para entender el origen del pensamiento analítico que aquí se desarrolla, y seguirlo del *Manual del ciudadano contemporáneo* con la intención de buscar un espacio en el que aplicar la reflexión de lo que el nacionalista susceptible considerará una ofensa.

Quien al leer *El pueblo que no quería crecer* sienta que existe algún tipo de desprecio a México ha entendido poco. De ser así, Ikram no se habría tomado la molestia de contar con tanto dolor algo tan íntimo sobre el país que trató de entender, desentrañándolo en lo más profundo. Entendamos que gracias a la fortuna, la historia nos dejó dos Polibios, uno de ellos se hizo mexicano. Así, los cercanos al Polibio de Ikram dejaron de sentir dolor al descubrir en las reacciones de algunos lectores la razón en el texto. A ella se le acusó de cobarde por criticar al país en el que hizo carrera, como si hacerlo significara una injusticia. Otros llegaron a tachar, de manera pontificia, al libro como una nula comprensión, alejada de nuestra realidad.

Esas son las razones por las que el texto debe revisarse, para dejar de lado la costumbre transformada en fe por la que hemos erradicado la autocrítica.

A Ikram la he leído en novela, como hijo; en su obra enciclopédica como alumno; ahora mezclo mi interpretación —como ella combinó lo que aprendió de los distintos países en los que vivió— para recibirla como mexicano. Creo que este es su mejor texto, también el que va a gustar a los menos y el que a más ha irritado.

Maruan Soto Antaki

Existe una historia de los rechazos de la historia. Nos hemos ignorado.

Su mundo no ha necesitado de nuestros hombres, ni estos lo han necesitado. ¿Qué saben de nosotros? Las lamentaciones de los profetas, el libro de Job, la guerra de Troya, la errancia de Ulises, el castigo de Prometeo, la pasión de los mártires... ¿Qué sabíamos de ellos?

Mi oficio es viajar para saber. He tratado de estructurar una ciencia, investigar y dar respuesta a las cuestiones inevitables, vitales, de la violencia, del amor, la educación, la juventud, los demás, la lejanía, la vejez, la amistad, la virtud, la bondad y la maldad. Las respuestas venían menos de los libros que de la experiencia dolorosa de las cosas. Aquel que no construye un mundo con sus propias manos, con lealtad y empeño, jamás logrará comprenderlo. Hoy quiero decir, con el menor impudor posible, mi paso por estas latitudes y por estas fortunas.

He caminado por el círculo de los círculos que es la enciclopedia y he encontrado su diversidad. Creí a veces leer en él la clasificación total del género; ahí está, siempre y en todas partes, parecido a sí mismo, herido, doloroso y, si nadie lo agrede demasiado, valiente, tonto y generoso. Es decir, esencialmente lastimoso.

Yo nací entre los aqueos que sufrieron por sus miserias; a ellos los despertó la intuición de su muerte precoz, y construyeron una civilización sobre este luto. Encontré a un pueblo que se había despedido de la tragedia y, si no lograron siquiera pensarla, ¿cómo podrían lograr entonces domesticar las tragedias de su vida y de su historia? Encontré un pueblo dedicado a producir presentes, olvidándose del tiempo y del futuro. Su saber databa de pocos años, el mío tenía milenios. Su moral era ligera, la mía pesaba como las montañas. Observé detenidamente y supe que había que revisar la historia de las relaciones entre el derecho y la vida. Entre la época en que los hombres inmolaban a una víctima en sacrificio y el momento en que ocurre un proceso y un juicio, la razón había caminado, pero ellos seguían viviendo en el tiempo de las víctimas; la violencia resumía el relato de sus relaciones y su espíritu se había vuelto el principio multiplicador de su brutalidad. El poderoso, el fuerte, el que descubre los dientes, parecía a mis ojos bestial. He visto pasar a esta bestia temible en los muros pintados de los viejos templos y en sus estatuas. Sigo escuchando cómo salen de sus bocas rumores de venganzas que han sido y serán siempre la fuente de todas las mediocridades. Por supuesto que tengo que recordar su génesis: en él yace el dolor. Este rumor ancestral persiste como un irreprimible testimonio de su desgracia pasada. Por supuesto, han sufrido la fuerza de terribles opresiones pero sus problemas ya no son susceptibles de soluciones judiciales; su mal se ha vuelto general, recurrente en la historia, estable. ¿Cómo identificar a aquellos que cargan con la responsabilidad del desorden? ¿Cómo acusar a uno o más: los padres, los hombres, los explotadores, los blancos, el Estado, la Iglesia, la ciencia...? Cada quien era una parcela del desastre; y la nación integraba las relaciones de esas partes. ¿Quién era el enemigo? A menudo, el aliado más cercano, o el conjunto de los amigos. Todo ello exige hablar de un paisaje de maldad. No pretendo corregir nada; no sobreviviría sin ese entorno total. Los problemas han dejado a la naturaleza para refugiarse en la sociedad; dejaron las cosas y se metieron en la casa de los hombres. Pero sabemos que esta historia avanza más por sus problemas que por sus pretendidas victorias. Así que tendrán que resolver entre ellos, y en primer término, el asunto de la dominación; es decir: el poder.

Sabemos de algunas experiencias históricas recientes donde el rápido reemplazo de un explotador por un tirano y de un vencedor por su antigua víctima, no hicieron que nada cambiara realmente. Porque, en todo caso, se habrían acelerado los modos de ser, olvidando las relaciones. Pareciera que el mundo quisiese dejar de vivir en la necesidad para instalarse en la sola modalidad. Pareciera que la búsqueda de soluciones de fuerza ha llevado al olvido de pensar en la fragilidad de los seres y de las cosas. Quiero recordarles, antes de hacer el recuento de sus características y sus defectos, que nuestras capacidades vienen de nuestras debilidades y nuestra eficacia de nuestra fragilidad. El hombre grande es a menudo orgulloso; el valiente es falto de prudencia; el generoso es derrochador; asimismo, el hombre muere por donde peca: el goloso se indigesta y vomita. Y juntas van sabiduría y fragilidad.

He escuchado los lamentos de quinientos años de quejas contra los españoles y su conquista. No fue lo peor que les ha sucedido, pero la queja pertenecía a la herencia canónica y ¡cuán lentamente pasan las cosas canonizadas! Éste es su prejuicio, y cuidarse de los prejuicios es mucho más difícil de lo que se cree. La queja alcanzaba también el racismo ajeno, pero el suyo no era menor; la exclusión, ese acto negro de la hominización, afecta a todo lo que no se le parece con un número negativo. Yo no logro saber por qué no han podido domesticar su derrota. Tratan siempre de situarse; decir lo que son o lo que no son. Hacen poco. Cuando un hombre trabaja, no se sitúa. Trabajar ocupa la vida entera; situarse también. Solo los niños se preocupan por ser tal o cual, para mejor instalarse en la mirada del otro. Los adultos se activan sin importarles lo que son. Sin embargo, esta mirada ajena que tanto importa a los mexicanos, pertenece a un rostro que no quieren; ellos no aman el mundo, por ello lo ignoran. En la política, en las informaciones, jamás hablan de él; como si fueran ellos mismos un grupo suspendido en el vacío. Hoy, tanto en su existencia política como en el ejercicio de sus ciencias, la humanidad descubre que habita un mundo global. ¿Quién dará cuenta de esta coexistencia del grupo y del mundo? He creído que la manera más fácil pasaba por el intercambio de los objetos. La humanidad comienza con las cosas; los animales no tienen objetos. No es gracias a la revolución de Copérnico que Occidente se ha desarrollado: el objeto ha estado siempre en medio. Pero las resistencias a este intercambio han sido terribles; de hecho, el objeto no interesaba a los mexicanos. La guerra sirvió para ennoblecer su rechazo.

Nada es más arcaico que la guerra. El arcaísmo es algo que no podemos limpiarnos. Muchos se sorprendieron, después de 1935, de que los alemanes se hayan dedicado a las conductas más arcaicas en el país más avanzado del mundo en las ciencias y la cultura. ¿Acaso era tan difícil darse cuenta de que a la vez hacemos gestos arcaicos, modernos y futuristas, y que cualquier evento de la historia es multidimensional? No despreciemos lo arcaico. La historia recoge todos los hechos, aun los falsos entre ellos, y estos hechos falsos son parte de la cultura. Quiero decir que cuando limpiamos y separamos lo falso de lo verdadero en la memoria histórica de los hombres, hay que hablar de incultura. Lo que nos parece olvidado desde hace tiempo, se conserva a veces en nuestra cercanía; y lo que parece más lejano, no es forzosamente incomprensible, pero sí es más complejo. ¿Cómo evocar estas emociones arrolladoras, oscuras, indefinibles que mueven a los pueblos? ¿Cómo recoger la totalidad de la memoria?

El prejuicio inverso pretende que hemos olvidado todo de la intuición inicial. Existe un efecto de simetría en los rechazos mutuos y todos vivimos en el mismo mundo: el de los insomnios.

¿Cómo entendernos? Necesitamos dialogar y traducir. En un diálogo, solo se escucha al interlocutor; habrá que prestar más atención al intérprete. ¿Acaso hemos olvidado esta preposición de importancia capital que es entre? Nos ha fallado el mediador, el múltiple, esta figura libre que pasea y establece las conexiones, este argumentador. El mensajero lleva siempre con él extrañas nuevas, si no, no sería más que un perico. Cada vez que Prometeo ha ido a trasladar sus fuegos, los viajes han sido provechosos. Estoy hablando de lanzar puentes allá donde solo había rupturas.

Pero observo y dudo de la eficacia de las razones.

Ahí está la nación dominante, la que impone su ortodoxia; se había formado a través de la secuencia canónica: la excavación, la búsqueda de los cimientos, el caminar en los pasillos, las galerías y los túneles, el descubrimiento de la bóveda en el corazón de la gruta... Hay en esta sistematización algo parecido al cumplimiento de un proyecto común; una hechura bien ligada, coherente, que perdura justamente a causa de su coherencia. En un lugar, en un momento dado, se construye un sistema, lentamente, alrededor de un núcleo de prácticas; se cristalizan las representaciones; se inmovilizan discursos y gestos; se organizan rituales y leyendas; se valoran objetos y palabras; se fijan áreas semánticas; se dibujan caminos; y se forma una red conexa. Una parte de esta gráfica es oscura; la otra se encuentra a plena luz. Pero sale sobrando contar las fuentes. ¿Para qué? Así es como se sustituye la inteligencia con la paciencia y se forma un conjunto de repeticiones indefinidas. Esta es la vejez triste de un país que ha leído todos sus archivos y se ha ejercitado en reescribir todo aquello que ha leído.

Así fue como reprodujeron su historia, el espacio de la eterna vuelta, aquella casa que han transformado en cárcel y que los viajeros europeos toman por cultura de esplendorosa novedad y saber de calurosa alegría. Aquí reinaban el temor y la sabiduría. La gran teoría estaba reservada. Jamás había respuestas, solo preguntas. Ahí estaba el pasado entero, una memoria rigurosa en todos sus inventos, tan precisa que la realidad habría parecido menos real que ella. La originalidad del asunto estaba en una regla curiosa pero religiosamente aplicada: se trataba de ser lo menos fiel posible al evento. El hueso de este tejido era la conquista: ella transformó toda intervención, opinión o acercamiento extranjero en falta, milagro, descuido y error. La historia fue la tierra dura del tejido blando de las derrotas; de ellas se elevó una columna de fuego. Así es como la geografía del país se ha vuelto la cartografía de esos fuegos.

Tendencias diversas se manifestaban en algunos casos concretos, pero ninguna influencia quedaba como determinante: no fueron españoles, ni franceses, ni norteamericanos. Lejos de la versión cristiana, del concepto agustiniano y del neoplatonismo, no queda aquí sustrato alguno, ni nada que se opusiera a aquello. Aun lo que la existencia requiere, escapa. México es el país de las estructuras blandas, de las curvas, de los fluidos. Aquí todo es accidente; una coincidencia, que depende del azar, puede impedirlo. El mundo solo se distingue por la multitud de los accidentes que se resuelven, como cualquier problema, en el espacio y en el tiempo. La tragedia que se apropia de la eternidad del dolor, no existe. La acción de los accidentes tiene la duración del momento; luego se aniquilan las sustancias, y los sentimientos dejan de existir, no pueden lógicamente existir, ya que se les expulsó del lugar. La aniquilación de los accidentes implica la propia aniquilación de la duración: es decir, de la eternidad. Estoy hablando del sentimiento religioso: este pueblo de dioses múltiples parece carente de él. Sintiendo contrariedad hacia todo lo que huele a absolutismo, sostiene el decreto absoluto de que la infinitud ha quedado naturalmente desterrada. Así, deja sin respuesta las preguntas propias a todo el género sobre el motor del mundo y la causa del movimiento. Su religiosidad es extraña. Lo religioso no es oscuro, pero todo lo oscuro se vuelve religioso. Es así como vemos la secuencia de gestos sacros en las puertas de la increencia. No han llegado aún a la edad positiva; siguen viviendo en la teología. Contrariamente a los dioses griegos, que se destrozaban entre sí como si fueran mortales, aquí los dioses son monstruosos. Ahí están los dragones de Zoroastro y hombres armados con puñales —armas blancas— bajo la luna. La historia de Occidente se hace de día. La historia de México se hace de noche. El pueblo del sol se encuentra en las tinieblas. El itinerario de Occidente va de este a oeste, viaje diurno; el de los mexicanos solo puede ser de oeste a este, trayecto nocturno.

Existen ellos, y los demás. Animan su maniqueísmo por una pasión antimaniquea. No podrán nacer libres y armoniosos y reconciliados con el mundo, si no lanzan al fuego esas representaciones bicéfalas que constituyen su cultura. Ahora sabemos que las civilizaciones son mortales. Eso no significa que van a morir, sino que hacen morir. Los reyes y los dioses envejecen. Los sacerdotes han durado demasiado, la vieja historia ya no puede pretender tener los mejores perros guardianes. En total, solo es un relato, y el relato estallará el día en que el narrador deje la orilla del volcán para lanzarse en él. Localmente, todo parece roto. La unanimidad festiva rechaza la fractura, esta ruptura insuperable y patética. Ya no hay texto, ni deseo. El texto parece ser el analista por excelencia de estas situaciones, el destructor, el reductor. Basta con escucharlos. Una cultura tiene en todas partes las mismas relaciones entre la lengua y los objetos. Algo hace falta o sobra en esta lengua; una decepción, el combate del hombre que no significa nada, que sin hablar señala, suspendiendo por un minuto las potencias de la muerte.

Esta Transilvania, este país más allá de las selvas, se presta naturalmente al viaje de las almas. El silencio o el ruido son las confesiones patéticas de un sufrimiento, algo que abreva en su fuente en medio de la angustia. Un ritual arcaico cubre las enfermedades, a este cuerpo decepcionante debajo del cuerpo que ha decepcionado. Podían escoger: contentarse con la imagen y con una enfermedad temporal curable, o romper el espejo y acceder a la demencia. Ésta ha sustituido al deseo; lleva su nombre en alto, como un estandarte. Su antorcha es frágil, pero real.

En este espacio yermo, desnudo, liso, no dibujado, coexisten los volcanes, el fulgor del trueno, el rechazo del mundo y las heridas. Fueron cátaros: dejaron la inmanente maestría del fuego a los demás. Sus fanáticos se han llevado hasta el último vestigio de las reliquias, las han transmitido de generación en generación. El gusto por arrancar el saber de su fundamento los ha llevado al atavismo. Los mexicanos no viven, no luchan, no trabajan: juegan. Pero el juego de la muerte ha matado el juego mismo. Es así como empezaron a encontrar la muerte en el juego.

Este es un pueblo acostumbrado a leer las páginas izquierdas de la historia con el ojo izquierdo. Pero existe por lo menos una cantidad similar de páginas derechas, y éstas son siniestras. Esta estructura produce indefinidamente una ideología desordenada. La ley es que no haya ley. La tiranía sustituyó al poder ético. Sin embargo, en el desorden del mundo, ellos no están perdiendo, aun si así lo creen. Perezosos como solo un artista sabe serlo, su pereza gana porque siempre hace el recorrido mínimo. Cuando reina el combate, solo el perezoso tiene alguna oportunidad de sobrevivir; evita toda fuerza y violencia, escapa al movimiento perpetuo, duerme en su guarida y se despierta libre cuando los muros han caído. Mientras el combatiente siempre está despierto, ellos entraron en la competencia sin saberlo y sin saborearlo; jugarán y triunfarán a la hora en que el combate se levante de entre los muertos.

Si podemos designar el caos con un nombre, la primera palabra que nace de él es Erebo, el infierno. Es la primera expresión después del desorden, la primera señal en la noche del sinsentido. Pero la música nace del caos, surge del infierno del desorden, después del ruido.

Cada texto es ante todo autocrítico. Esta no es una lectura política porque exigiría tomar partido, a menudo del lado del imperio de la fuerza. Cualquier explicación más allá de lo político, brinda la ilusión de que existe un adentro y un afuera, como si hubiera un fondo y lectores profundos. Pero no estoy siendo iluso en mi retrospectiva. Sé de qué mundo vengo y sé de qué otro mundo hablo. Un conjunto de métodos han otorgado a Occidente su filosofía retroaccionaria. De tanto vivir en una biblioteca, imaginamos que las vidas son libros doblados que solo precisan abrirse. Nuestra novela fue la ambición enciclopédica suprema, exasperada, que buscaba escribir el libro de los libros, aquel que basta y vuelve a sus predecesores inútiles. Hemos construido un sistema global de las fracciones de razón que la razón retoma al final de la carrera; con ella hemos sustituido la cacería, la demencia y el eros... Pero los demás hombres seguían reuniéndose en la penumbra. Spinoza ha tenido razón con demasiada facilidad.

En todo ello, la ausencia del hombre es reveladora, y constituye un sistema. Hemos creído y estamos a punto de probar que se pueden descubrir las causas lejanas de los eventos que se llaman azar. Extraña y terrible y orgullosa civilización que ha puesto la mano sobre el secreto de la Tierra, ha aprendido a construir, y ha hecho que el mundo inerte y la animalidad sean suyos indiscutiblemente. El hombre se ha vuelto naturaleza; ha amaestrado el fuego, lo ha transformado en rayo. Éste era el viejo sueño de Zeus: el hombre europeo se ha vuelto Zeus, maestro de las herrerías, de los truenos y del mundo. Luego, se ha puesto a dibujar mapas, y fueron mapas del saber y de los desplazamientos. Pero, en México, los hombres se desplazan poco y, cuando lo hacen, van muy cerca. No se fueron en busca de nosotros: nosotros fuimos hacia ellos. Y pasamos de las tormentas a los duelos, y del viaje a la guerra.

Nuestros textos parecían casos de jurisprudencia, en virtud de un derecho escrito en otras bibliotecas. No teníamos nada que aprender. Nuestras bases eran religiosas, políticas, gramaticales, estéticas, normativas. Hace poco, una aceleración exponencial nos ha arrancado de los precursores: hoy, existen más sabios vivos que muertos y el terreno del saber vivo es más ancho que su suelo desaparecido. A nivel de la ciudad, el tiempo es más corto entre Solón y las constituciones del siglo xx que entre los europeos y los mexicanos. Se sienten agredidos. No comprenden. No aceptan lo que ven. Se sitúan en la recepción de una multiplicidad de mensajes como si recibieran toda la biblioteca del viejo mundo en un solo libro que se llama a sí mismo modernidad. Y, como no logran leerlo, se retiran y dejan el mundo. Entre ellos, los que pretendieron comprender están volviendo incomprensible que exista algo comprensible. Los europeos se han creído profetas, pero ¿acaso se puede discutir quién es profeta fuera de sus seguidores, comentaristas e intérpretes? El profeta vino pero nadie quiso recibir su mensaje. El relojero pasa, pero nadie quiere su tiempo, y llegó el foráneo con su sistema determinista, determinado, jerárquico, con su relato cerrado, homogéneo, evaluable, con sus límites cuantificables tan claros que su ley se podía escribir. Vino y escogió entre ellos a los elegidos y los rechazados, los grandes y los pequeños, los hombres y los bárbaros, los creyentes y los incrédulos, los progresistas y los reaccionarios, los rigurosos y los erráticos, el buen gusto y el malo, lo patológico y lo adaptado... El verdugo programó las condenas. Cargábamos una guillotina sobre nuestras espaldas. El crítico era juez, su asunto fue la muerte.

Me pregunto si lo que ha fallado es el hecho o la expresión del hecho; si nos hemos excedido o si no hemos sabido decir algunas cosas razonables; si estamos andando sobre los caminos del infierno hacia la condena eterna del cumplimiento de nuestros excesos; o si lograremos salvar nuestra razón volviéndola más redundante. Quiero decir que el elocuente debe aún aprender a hablar: la práctica mediterránea nos ha dictado formas simples, y la práctica más simple ha afirmado que el mundo no es más que lo escrito, lo leído y lo hablado. La voluntad de este último siglo se midió con el grado de claridad, el deseo de transparencia y la transparencia misma. Este fue nuestro error. La habilidad estaba en la redundancia. Nuestro mensaje era denso cuando se emitió, su redundancia era mínima. Por ello, resultó incomprensible. La función del hombre hábil es inyectar redundancia, cuidando de no caer en las inundaciones. A lo largo del camino, debemos plantar árboles, poblar selvas, exagerar las tormentas, dramatizar las noches, facilitar los mensajes a los niños para que estos comprendan el relato. No evaluar y criticar.

El problema era conocer cómo transvalorar el saber. Captar un mensaje consiste en apropiarse de una potencia, interceptarlo es robar. ¿Acaso no sabemos que Hermes es el dios de los ladrones? El poder nuevo no es tan nuevo, solo es más viajero. De ahí el estado de las cosas y el desplazamiento de la deontología. ¿Qué extraño contrasentido nos ha hecho creer que nuestros textos estaban escritos sobre páginas claras y legibles para todos? La ilusión de legibilidad no era más que un artificio óptico. Nos hemos creído razonables y santos, pero los santos detestan el mundo. El brazo que se extendió para bendecir a México se ha vuelto el miembro desconocido de un cuerpo mutilado e irrecuperable: este pedazo sin nombre designa un fracaso cierto.

Toda revolución de potencia se ha quedado enrollada en la tierra arcaica. Este es el índice simple de las exigencias locales y del tiempo real de México. Basta con tomar las cosas como son, sin las penas de la génesis, sin la repetición de la historia. Mi texto no tiene regla: de tenerla, se cerraría sobre sí mismo. La secuencia solo es un orden decidido. Pitágoras en ningún momento ha estado lejos, porque es fácil jugar a ser matemático en el campo de los teoremas, aun sabiendo que la mayoría de los hombres trabaja afuera, con instrumentos que calcularon otros textos. Frente a esta constatación primera del fracaso de mi empresa, he tenido la tentación de escribir algo que no se me pareciera, que me proteja y los proteja. He tenido la tentación de decir que Arquímedes y Galileo no existieron jamás, que la física es una ilusión del espíritu. Todos los pensadores se queman con este fuego malo hasta que encuentran en ellos mismos la valentía y la felicidad innombrable de pensar y hablar, no por espera o por negación, sino como se firman los testamentos: alguien pasa algo a otro sin esperanza de reciprocidad. El título de filósofo verdadero se paga con este precio, porque aquel que pretende producir los soles queda extranjero a la aurora. Vive entre los nombres, hijos de los hombres, abandonados por los hombres, criados por los lobos: y aquellos que tomaron la leche de la loba están condenados a matarse entre ellos. No hay refugio posible si no es en las jaulas vacías detrás de las rejas. En el mundo sin refugio, los tigres circulan afuera. ¿Cómo encarcelar a los amos de este lugar? El fuego hace explotar sus cuerpos. Han bebido el agua del Leteo repitiendo durante siglos: "Dennos el agua fresca que escapa del lago de la memoria". Y vuelven a los relatos de antaño, mientras que el aqueo que los observa va directo despreciando los bosquecillos espinosos. No nos parecemos pero somos recíprocos, porque en el combate somos igualmente violentos. Al cabo de tantos años entre ellos, he llegado a gritar durante algunas noches: "No lean los libros, láncenlos al fuego negro de tanto esperar". Pero el fuego mismo no era ni malo ni bueno, ni destructor ni artista: solo era fuego.

Lo más profundo se encuentra a veces en lo más simple.

Todo muestra que no se pueden economizar los gestos, las metáforas, las lentitudes y las incomprensiones. Todo muestra que hay que cocer el azar y la extranjería para volverlos digeribles, para trazar una línea entre lo implacable y lo relativo; luego borrar esta línea. El texto es una red. Su secuencia no está cerrada; se ha vuelto viaje extraordinario y búsqueda de lo inencontrable más allá de las selvas de Transilvania. Quise liberarme de toda genealogía;

encontrarme engendrado por la reflexión que acabo de engendrar.

He visto el desamparo y el sufrimiento y la muerte más de cerca que cualquier otro, y he tenido que bajar los ojos. Finalmente, la posibilidad del sentido está oculta detrás de estos Universales.

Existe una zanja, una abertura que hace que ningún texto sea cerrado. Voy a tratar de evidenciar los invariables, luego detenerme en los variables. El espacio del mapa, el lugar ordinario de los hombres, no son hechos azarosos. Por ello quise vivirlos y sentirlos antes que pensarlos. Porque la razón funciona, la práctica hace, pero es el cuerpo el que percibe. La inteligencia racional no puede ser el tonto espesor de la incomprensión de las cosas humanas. Voy a tratar de retomar la ciencia positiva a partir de sus raíces: ahí está la teología olvidada, el lugar mismo donde la vida presente se abre. ¿Habrá que ver por qué, en un momento dado, todo el mundo se pone a decir a la vez la misma cosa? Existe un cierto acuerdo entre las cosas y las palabras.

Aquí no se trata de destinos o de aventuras individuales, sino de un juego global en donde cada uno es una pieza. Occidente y México tienen la misma física, empezaron casi juntos, sus hombres mueren al mismo tiempo, pero ningún discurso sobre el mundo es física y matemática: es más bien novela; Leibnitz decía de las *Meditaciones* de Descartes que eran una novela física. Esta pequeña obra es una novela antropológica. En ella, la experiencia es esencial, aunque no trate de experiencias. Este término es universal: habla de vendimias, no de labranzas. He aprendido que la historia es un mantel manchado recargado de adherencias y que no hay que prohibir a nadie un gesto o un pensamiento que podrían ser fecundos. Muchos entendimientos positivos han nacido de empresas dudosas. Lo esencial aquí no es quién circula, sino la circulación misma. No trato de forjar un método; el método es el camino. En esas habilidades se jugará mañana el poderío del mundo.

Voy a adentrarme en el infierno, pero sé que existe una selva inmensa a sus puertas. Cuando se termine la selva, aparecerán los jardines. Algo surge, en el límite tembloroso del sol y de la noche, al borde del caos; un orden nace en la vecindad del desorden.

Yo no quiero ser un médico. El papel del médico es acompañar a sus clientes cuando pasan al más allá. Hablé de ser un intérprete. Esta tarea es difícil. El intérprete generaliza su sitio: ya no se encuentra entre dos lenguas, sino en medio de todas, porque todo puede tener un sentido. La naturaleza está escrita en un lenguaje codificado, secreto, oculto, esparcido. La estrategia del saber aplicado consiste en descubrir su llave. A la vez, varias lenguas componen una obra y el conjunto es una lengua desconocida. Toda traducción supone en su principio una piedra de Rosetta: de lo que se traduce hasta el texto final, el conjunto forma una lengua desconocida. ¿Dónde entonces está el intérprete? En medio, intercepta, como los ladrones, como Prometeo que no ha inventado ningún fuego, solo lo robó de un lugar para transportarlo a otro. El intérprete puede hacer mucho ruido, desvirtuar la comunicación, matar la cultura, tomar el poder, jugar a ser profeta. Su situación es la del demonio; pero es también Hermes, el mensajero, el agente de comercio. Podía escoger entre el puente, Dédalo y la muerte; pero no había puente, y no quería la muerte. Solo quedaba Dédalo y solo faltaba un hilo para no perderse.

Elementos de una génesis

Los antecesores

Para comprender esta realidad, los antecesores fueron múltiples. Leo en su historia páginas a menudo oscuras, a veces resplandecientes. Sus autores han perecido. ¿Qué aureola de esplendor rodeaba a esos hombres en su tiempo? ¿Hasta qué punto sigue viva la presencia de estos padres venerables? El espíritu y la cultura del helenismo estaban ahí. Cultura enciclopédica que se expresaba en una enorme producción literaria y filosófica, y que abarcaba todo el saber de su época. Entonces, libros dolorosamente profundos atravesaron la nube luminosa de la existencia de este país. Pero los libros quedaron herméticos. Observo los rostros de sus parteros en los retratos de su época: los veo siempre preocupados, insatisfechos, como encerrados en un círculo del cual no podían salir. Negarlos sería mostrar una falta absoluta de sensibilidad hacia los problemas arduos que enfrentaron y una nula comprensión del noble sufrimiento que padecieron. Esos hombres sinceros estaban limitados por una realidad indómita y rebelde a la obra del espíritu. Lo que habían logrado fue una mezcla de resistencias y de privaciones, de lucidez y de ceguera. Parecían vivir en parte al margen de su gran ser trágico. Trataban de conciliar la enseñanza del mundo con la herencia propia y, aun así, las disputas más encarnizadas alimentaron su grandiosidad conciliadora, que buscaba casar las ramas con las raíces.

La infancia de un pueblo

En el centro del círculo estaba la diversidad de los marcos del mundo. Todas las civilizaciones tienen lagunas pero, entre los pueblos numerosos, algunos tenían unas civilizaciones más maduras. La penosa dificultad del dilema residía en su incapacidad de crecer, enfrentarse y compararse. Aun buscando cuidadosamente, no logro identificar el momento y el factor del daño, a pesar de las diversas suposiciones. ¿Cuál circunstancia ha provocado esta lejanía, esta incapacidad casi biológica de volverse adultos? Su conmoción brota de esta afirmación. Quisiera que, con el tiempo, se serenaran. ¿Acaso lo dicho es injusto? Entonces cambiemos las condiciones y los términos de la polémica. Pero, ¿qué hacer con su contenido? La reacción en contra de un dogmatismo elemental es legítima, pero existen visiones que se alejan notablemente de la ortodoxia elemental, que también se niegan. Bajo el pretexto de la comprensión, del derecho a la diferencia y de la integración, se observa la misma actitud entre la gente extranjera, que quiere a su vida en este país mucho más que al país mismo. De ambos lados, nativos o extraños, surge la preocupación por un problema temible: el de sustraer del peligro al país amado.

El movimiento

El peligro no surge de la visión crítica. Este pueblo pretende rechazar todo lo que se aleja un tanto del aplauso a favor suyo, pero aquí mandan las potencias del recuerdo, no el amor a la tierra. La bondad del orden y las vicisitudes de la complejidad ceden frente a caracteres hijos de deseos diversos. Este mundo destinado al orden que resulta de la multiplicidad organizada y que depende del libre albedrío del hombre, no tiene cabida en México. Las proclamas amorosas del pueblo y de sus élites, las alusiones voluntaristas a la lealtad, a la pasión nacionalista, cierran el ciclo del pensamiento y tienden a inmovilizar la realidad después de haberla inventado. Presentaban al mundo un rostro majestuoso, pero este esplendor que parecía sereno era de hecho inmóvil: el principio del reposo en la más perfecta contemplación de ellos mismos. La vida seguía. Surgían nuevas generaciones que se agotaban en un inmenso esfuerzo hacia la inmovilidad absoluta. La juventud no era más que el movimiento de lo contingente que se transfiguraba en la inmovilidad. Sin embargo, todo se movía, no por amor hacia el movimiento sino por la circularidad que representaba la inmovilidad misma y que no buscaba más que mirarse en el espejo giratorio. No se trataba de una diferencia de lugar, sino de una diferencia de naturaleza operando una oposición, un enfrentamiento en el seno del hombre con vistas a cambiarlo. Se trata de la evolución de la realidad pero ellos habían decidido que ésta no debía darse.

La ley de la evolución no es repetición sino producción: un movimiento hacia lo indeterminado. La posibilidad de mejorar o empeorar es la palanca del progreso. ¿Acaso es posible ir más lejos? La vida diaria no parecía presagiar un resultado mejor. La esperanza venía, como siempre, de los accidentes. Estos se negaban. Solo reinaba la mentira.

La mentira

La mentira recita una lógica tan empobrecida que todo cabe en ella. Basta con que se dé la contradicción que se quiere para tener siempre la razón. De lo falso se deduce cualquier cosa. En Cartago, los padres de los niños sacrificados en el fuego gritaban: "¡No!, no son hombres, son ganado", así que podían sacrificarlos. Pero aun en su armazón lógico la mentira no representa interés alguno.

Han vivido en un mundo donde los dichos reemplazan a los hechos; el signo suave sustituye a la cosa dura. No se salvarán antes de volverse capaces de pensar en esta sustitución, porque el sonido de la moneda no vale la moneda, ni la publicidad vale la calidad. Y mientras que la lengua que habla anula la lengua que saborea, lame y besa, el estilo —reducido a no ser más que un ornamento— desaparece, así como el rigor y la exactitud que nos habían enseñado los clásicos.

Sin embargo, sus ideas son viejas: para permitir que una idea se exprese y circule, le exigen un pulimento extremo: no debe chocar a sus sentidos ni a sus sentimientos. Violentos hasta la demencia, exigen una formalidad en el lenguaje que nadie aceptaría en otras partes por ser la expresión de una hipocresía extrema. Pueden llevar el desprecio hasta el punto de robar horas y días de vida a sus semejantes; no llegan o llegan tarde a sus compromisos, y tachan con extremo desprecio a quien se atreve a reclamarles sus hechos. Así la vileza pasaría por el lado de quien reclama, no por el lado de quien causó el reclamo.

Pero sabemos que para que una idea circule necesita pulirse. Las ideas que circulan son ideas viejas. Lo nuevo es a menudo solitario; la insistencia en las formalidades secundarias y las epistemologías detiene su marcha: ¡que no insistan!, en la época en que los inventores inventan, no existen ni formalidad ni epistemología. Esta práctica y esta disciplina marcan el atraso del pensamiento sobre la creación.

La forma

Todos sabemos que la ciencia de las apariencias es ciencia verdadera y que es ella quien representa la verdadera civilización de los hombres. Es la retórica que impide los enfrentamientos y es la redundancia que permite el entendimiento. Es ella la que agrega belleza a los cuerpos, que oculta nuestra animalidad, que opaca la estridencia, y cubre con el manto de su refinamiento la depredación, la violencia, la desnudez y la barbarie. Pero existe una frontera muy tenue entre el hecho de cultura y el hecho de incultura. Pasada esta frontera, la palabra inefable se vuelve forma pura; la visión estrecha se detiene a interpretar lo dicho en su sentido literal; y se llega a la temible conclusión de que, en suma, todo es forma. En México, el principio formal se vive con la esperanza de alcanzar la participación en la vida común. El temor al rechazo, a la expulsión fuera del grupo, lleva a unos cuidados inauditos: el tono de la voz y los elementos del discurso, la mirada, el erguimiento, el ángulo de rectitud de la frente se doblan según un ritual canónico que alcanza una importancia extrema; la forma triunfadora, la forma débil, la forma modesta, la forma cuidadosa, el ritual de aceptación toman el lugar de cualquier propósito. No son cortesía: aquí, en los hechos reales, en la ignorancia de la necesidad ajena, en la violación de la autonomía de los demás, en la agresión contra su tiempo, su sensibilidad, sus espacios y sus posesiones, la descortesía es la regla y la ley. La forma es más bien lenguaje de estrategia, que permite a los vencidos eternos cavar un corredor que les permita quizá alguna vez, por algún medio oculto, lejos de la fuerza real y de la legitimidad de las razones, vencer a su turno. Si mi vocabulario fuera moral, diría yo que la forma en este pueblo es máscara pura. Y sí lo es, pero es ante todo resultado histórico de las derrotas. Con el paso del tiempo o antes de él, la forma ha logrado matar cualquier contenido. No importaba ya qué se decía, cuáles argumentos se utilizaban; la forma se volvió así la razón máxima en contra de la razón. Y ésta acabó por retraerse del espacio de la vida.

La razón

Habrá que detenerse cuidadosamente ante la gravedad de este problema. No se trata de un desconocimiento de la ciencia: todas las ciencias estaban a su disposición. Pero aquí el dilema era diferente al de la ciencia humana.

Aun en lo que parece evidente, aun en el respeto aparente de la integridad mental propia y la de los demás, y más para afirmar una autonomía que por una búsqueda racional, los hombres logran liberarse acudiendo a la razón. Pero se niega el espíritu si no se reconoce el estado superior del espíritu. He buscado en el pensamiento mexicano las diferencias y los reencuentros, la demostración, la argumentación tal y como la hemos aprendido de Aristóteles; pero no la he encontrado. Era la diferencia del método la que causaba la diferencia del contenido. Tanto la vía del análisis como la de la síntesis han errado; todo el error estaba en el punto de partida.

Entre los demás pueblos el sentido común lleva al discernimiento, y éste lleva al intelecto. Pero aquí la especulación no ha tenido infancia. Desde que empezaron a pensar, el modo primitivo no llegó a verificarse entre los mexicanos. He tratado de enfrentar los problemas más profundos de la manera más exhaustiva y todas las vías me llevaron al rechazo de la razón. El espíritu está ahí, por supuesto. Pero aquel grado de participación camina gracias a la intuición en lugar de la abstracción. Ésta subordina a aquélla. Eso podría funcionar durante un cierto tiempo, luego ocurre la rebelión del espíritu. ¿Cómo conciliar esta simpleza con la lógica elaborada? Existe una manera: aquella vía del dualismo que constituye el segundo nivel del discurso aristotélico, la trampa de la argumentación dialéctica. Además de ser su salvación, la dialéctica es su obligación. La dialéctica pura se vuelve así el instrumento particular del sistema, el arma más socorrida. La austera inteligencia, la razón desnuda desmerecen frente al razonamiento discursivo hundido en la materia diaria y que es, por naturaleza, inseparable de lo arbitrario, es decir, del error. El despertar del espíritu llevaba, por lo contrario, a un esfuerzo tenaz para liberarse de las estructuras agregadas a la simple palabra a la vez que servía para corregirla. El propósito es adaptar esta palabra a una interpretación a menudo alegórica. Todo esto se vuelve posible porque la dialéctica pura conduce a admitir lo irracional; la especulación es su enemiga. Los Universales se rechazan; en su lugar triunfa el juicio subjetivo que depende de la yuxtaposición de los fenómenos. Se atribuye una posibilidad de verdad a esta multitud de hechos reales sumados. El discurso se pretende real porque sus partes son hechos reales: aquí estamos frente a un sistema de ideas donde nada es más que pretexto. Es el "motor puro" del cual hablaba Aristóteles.

El resultado en la vida es que nacen y crecen y se multiplican problemas que no dejan lugar a ninguna réplica seria. El pensamiento pagano hace y amplía su camino tejiendo una relación mágica entre la naturaleza y el espíritu. Cuando aquella mecánica introduce el arte, el resultado es hermoso. En la vida real, esto se vuelve una pesadilla. El intelecto racional que privilegia la realidad unitaria, la contradice. El resultado a nivel del pensamiento activo es patético: ¿qué horizonte, qué libertad de investigación, qué florecimiento de los sistemas podrían dar cabida a las ideas, luego garantizar su originalidad? La actitud hostil a la especulación racional propicia la subordinación, y la conservación de la subordinación frente al ímpetu de la vida lleva a desarrollar una crítica del conocimiento racional. No es que, a través de los diferentes tiempos, no se hayan encontrado frente a las ideas; lo que pasa es que se situaron contra las ideas. El resultado fue arrollador en todos los demás campos: con la derrota de la razón y de la especulación, su caída lleva a la del concepto de libertad que no es antecedente —aquello sería el caos— sino concomitante a la acción. La moral se desmorona igualmente y desemboca en un sistema de tiranía política.

Todo ello —la derrota de la libertad y de la moral, y el triunfo de la tiranía política—, es reflejo de la actitud del pensamiento que rechaza al pensamiento. No se trata aquí de discutir sobre la posibilidad o no de la sabiduría en el hombre; el espíritu humano es un accidente que puede dar lugar a nuevos accidentes, pero más vale no subutilizarlo demasiado.

En la tradición occidental, reflexionando sobre sí mismo, el hombre creó su inteligencia. Reflexionando sobre el origen de la primera pluralidad, creó las instituciones del mundo. Aquí las cosas no ocurrieron por la vía de la reflexión. Reducida al estado de casi sombra, toda inteligencia se detiene; las maneras de adquirir el conocimiento, las soluciones, se descomponen. Por esta razón no existe una verdadera multiplicidad en los espíritus. En cambio, ésta se encuentra en sus manifestaciones empíricas. La multiplicidad surge de lo real a través de una serie de jerarquizaciones, no del mundo de las ideas. Siguiendo la opinión, que es particular, y no la razón, que es universal, el lugar de la filosofía se restringe a una posición contingente, a diferencia de lo que ocurre con los demás pueblos que la favorecen y que difícilmente se adaptan al yugo porque, con el pensamiento, ganaban también la libertad.

En toda esta reflexión, Grecia ha sido el camino y el principio de la letra objetiva. Occidente se lanzó al descubrimiento de la verdad en sí caminando sobre los pasos de este guía maravilloso. La filosofía entró en el sistema de la vida; con ella se introdujeron las obras de Aristóteles, la Lógica, la Dialéctica. Ahí se encontraban los argumentos fundamentales, lo que pone en guardia contra los errores de los sentidos, lo que puede apreciar la belleza y la grandeza, esta razón individual que es el medio para alzarse por encima del animal. Racionalizar es proclamar la intención de participar del Logos; es potencia del alma por medio de la cual entramos en contacto con los demás seres. La opción del bien y del mal pertenece a este intelecto; su objetivo primero es ayudar a la conservación del individuo. No puede de manera alguna separarse de nuestra animalidad, pero bajo su fuerza las demás fuerzas fundamentales, aprensivas, concupiscentes, irascibles, se pacifican. En su punto de encuentro con la razón se estimulan las operaciones necesarias para la conservación del organismo, las que determinan las acciones, las que actúan en el hombre como promotoras de la actividad racional.

Pensar, para otros pueblos, no es volverse hermano del viento sino que representa el estado intermediario entre el centro de la Tierra y la cumbre del cielo. Mitad naturaleza, mitad espíritu; pensar es hijo de ambos. La mezcla de los elementos opera la conjunción y da lugar a las formas peculiares de la inteligencia: la práctica, la especulativa, la lógica, todas presentes en cada instante del desarrollo de los fenómenos. La especulación se alza por encima de la inmediatez: este es su valor. Pero observándolo detenidamente, el poder abstraerse parece no ser más que la preparación para lo inteligible. Occidente dio una autoridad muy grande a la lógica. Por ahí pasó el empirismo; con éste se constituyeron las primicias del pensamiento moderno. Todos los pensadores de Occidente tuvieron una concepción práctica del valor del conocimiento. Por supuesto, éste brillaba por su propia luz, sorprendía la cotidianidad y sobrepasaba la esfera de los resultados concretos. Pero a la vez que otorgaba una mayor lucidez al espíritu, lo limpiaba de las pasiones y ponía la imaginación al servicio del intelecto; solo realizaba la perfección del individuo cuando determinaba su operación. Este conocimiento al cual el hombre podía aspirar no era todo el conocimiento: solo era aquel relativo a sus operaciones. Más allá, nada ocurre. Este espíritu donde nada ocurre fue la opción de Oriente. En Occidente, la operación fue la perfección de la ciencia.

Para Occidente, el método demostrativo fue propedéutico a la lógica, mientras que ésta representa tanto la vía del intelecto como el bien moral. Ya que las obras surgen de los conocimientos, lógica y ética se identifican en sustancia, aunque aparentemente se distinguen. La ética es una ciencia particular. La lógica es preliminar a cada ciencia y es con la argumentación —demostración—como el hombre se acerca a las ideas. Así la voluntad podría quedarse en instinto. Es solo cuando lo ilumina la razón que el instinto se transforma. Es a este instinto racional al que llamamos voluntad. De la misma manera, los fenómenos del mundo están determinados por los actos sublimes del orden racional, la sabiduría o la voluntad misma. Y se pasa naturalmente de este nivel a otro superior cuando se afirma la razón natural y el libre albedrío: así es como llegamos a la autonomía.

Ahora, resulta absolutamente necesario, para comprender a este pueblo, no aislar este orden de la especulación; esta mecánica incomparable cuya luz representa el núcleo y la síntesis de lo que trato de demostrar. Si racionalizar significa comprender la armonía, entonces el desorden que se vive aquí es absolutamente comprensible: sale de la fuente.

La racionalidad era compleja. Este optimismo helénico que forjó a Occidente produjo pensadores perplejos. No había duda que no desapareciera frente a la seguridad proclamada de que *no se puede* no razonar si los límites de la razón solo podían ser los límites de lo posible. Existían criterios comunes que todos los hombres adquieren en contacto con la realidad exterior; cuando el intelecto los hace suyos, se vuelve apto para recibir los demás criterios. Sobre estas bases se establecen los fundamentos de las certidumbres. Los hombres saben, y están seguros de su conocimiento porque su pensamiento no era opinión ni posibilidad pura. Pero la duda, la incertidumbre, surgían de nuevo. La ley del pensamiento, la necesidad del razonamiento, no permitían abarcar, luego admitir, la realidad. Y es que lo sensible y lo inteligible se encuentran propiamente cercanos. El principio intelectual es prisionero de la materia. No era solo la razón la que nos asistía, también el sentimiento y el amor. Aquella es una idea presente en la filosofía occidental. De ella hablaron los pitagóricos y Platón; las religiones la anunciaron; y los cínicos la desconocieron.

Cuando se habla de este país, la pregunta no es solo ¿cómo introducir los sistemas de especulación racional dentro de la mecánica del espíritu?, sino ¿cómo discutir?; una discusión racional debería poder acogerse y devolverse sin pasiones, dentro de los límites de la convivencia. El recurso de la analogía con los demás pueblos daría resultados opuestos a los deseados, ya que la susceptibilidad nacional prohíbe severamente cualquier acercamiento analógico. Tampoco conviene la rigidez ni el exceso de interpretaciones literales; el rigorismo resulta absurdo, y demasiada intelectualización imposible. Entonces habrá que buscar la conciliación, operar con la magia, la imaginación y el absurdo, dentro de unos límites. Son estos límites los que lograrán sus propósitos para poder conciliar.

El conocimiento

Estas son las reacciones evidentes de los pueblos sojuzgados: las concepciones nebulosas en su contenido y en su expresión reproducen en ellos el espíritu de la raza, que trata de levantarse frente a la conquista, reviviendo creencias antiguas. Un pueblo que por la grandeza de su imperio, la supremacía de su poder, había concebido de sí mismo una noble y alta estima, que lo impelía a llamar a sus miembros "hombres verdaderos", y que consideraba a los demás pueblos como sus servidores y esclavos. Cuando se dio cuenta de que ya no era posible combatir, trató de conciliar la simpatía, poniendo en relieve la enorme injusticia que se había cometido en su contra. Más tarde, tuvo que inventar estratagemas; los pueblos sometidos reviven, transformados, sus precedentes ideales de vida. Pero no pudieron cambiar su actitud sentimental; respondieron al mundo despreciándolo, y aquel desprecio produjo en ellos frutos que no podían disiparse. Así el esclavo seguía siendo noble, aunque su nobleza difería según su vecindad. Pero el corazón del arma era el sublime autoconocimiento: en las letras, en los sonidos, en la memoria. El mundo no existía ya. Pensando solo en ellos mismos y en su beneficio, no se acomodaban con el principio de orden. Poco a poco se fueron alejando del sistema ordenado de la vida. Así es como empezaron a vivir en lo particular, proveyéndose de una sola forma: la de la presa. Su instinto los llevó a creer que solo ellos tenían el derecho y el arte de vivir. Su existencia se volvió una lucha perpetua contra todos. Vivían sustancialmente sosteniendo que su perfección consiste en la satisfacción de una existencia particular, la del grupo, la de sus diferentes individuos. Dentro de su esfera, la más grande de las tolerancias recíprocas y la más grande de las preocupaciones por la ortodoxia dominante, discutían entre sí de sus diferentes desencuentros. La rigidez del viejo mundo admira esta amistad de los contrarios, pero sabe a la vez que no es un símbolo de verdad. Aun los miembros más cultos de la comunidad mexicana, aquellos que tuvieron acceso al helenismo, se resignaron mal a renunciar a esta superioridad hierática como para aceptar canjearla por el triunfo de su amor por la libertad del pensamiento. Habrá que explicar esta necesidad de manifestar una naturaleza propia que está lejos de ser simplemente una opinión. Habrá que establecer que, si en su sublime reposo, solo se conocen a sí mismos, es porque el principio de todas las cosas está en ellos. El conocimiento de los demás no sería sino una derivación natural.

La universalidad

Por supuesto, no se distinguen mucho de los demás en su cotidianidad y, en general, sus doctrinas no son muy diferentes de las doctrinas ortodoxas tradicionales. La diferencia no reside en los hechos sino en su transcripción intelectual: no parecen admitir el fenómeno universal.

A los que se han criado allende el Atlántico, a menudo les ha fallado la precaución necesaria para deducir lo particular de lo universal. Pero aun así se pueden determinar principios generales. El espíritu tiene necesidad de desatarse; la individualidad se resuelve en la universalidad para elevarse y alcanzar la aptitud a la libertad y a la virtud adquirible de la voluntad. Haciéndolo, el hombre se sustrae —por medio de su razón— a los errores de la realidad sensible y se eleva hacia el conocimiento general. Este principio de *ratio universalis* da vida a la ciudad; a ella se parece el hombre, de la misma manera que ella se parece al universo.

La conquista no solo fue conquista. Más terrible que ella fue la apertura; sobrevino la desintegración del principio individual por medio de la universalización. El acuerdo con el principio de orden que regía tras sus rotas fronteras causó su desgracia. Y, si bien el intelectualismo helénico se oyó entre sus iniciados, no lograron encontrar en este Universal su propia universalidad.

La reacción, como era de esperarse, exageró las tendencias naturales. En lugar de reconocer que la naturaleza es universal, afirmaron por lo contrario que todo es individual. Lo universal no sería más que una creación del espíritu.

¿Cómo explicarles que existe una alegría en lo universal, que el conocimiento perfecto es participación universal sin la cual sería inútil, y le sería al hombre imposible, elevarse? Volvería a caer constantemente; correría tras de las formas. El espíritu de orden y de subordinación universal, a la vez que es esencialmente aristocrático, es el guardián del valor real del individuo, porque impide su dislocación y conserva su unidad.

La atomización

En México todo lo real parece atomizarse en la momentaneidad del ser; como, igualmente, parece atomizarse la existencia y su duración. En esta concepción cerrada del universo, lo infinito resulta extraño, porque los hombres de esta tierra son lo finito por excelencia.

En un cierto sentido, todo emerge en el seno de la multiplicidad, pero absolutamente fuera de la existencia concreta. El principio de multiplicidad es el punto donde el movimiento de la vida encuentra su solución en la inmovilidad fundamental. Protegida por un lenguaje esencialmente lúdico, toda multiplicidad resultaba contingente, y lejos de ser el reconocimiento de la riqueza de la vida, era el resultado de la pobreza del desmoronamiento. ¿Qué puede haber en un ser que es solo una serie de fragmentos? Los azares eran tan numerosos que ninguna determinación se hacía ya posible. En ello, México es profundamente oriental. Se parece, en su forma de aprehender la vida, al atomismo hindú de la escuela de Kanada, que concebía los fenómenos en sí mismos como constituyentes de los principios en los cuales se fracciona el objeto del conocimiento. Pero, ¿acaso es posible establecer una relación entre el mundo y una serie de fenómenos? Nada aquí parece poder contener las partes. Quiero decir que el principio unitario, si bien sale de la multiplicidad, logra salvarse por medio de un procedimiento artificioso, y esto está bien: el hombre no hubiera podido vivir una vida cívica de no haberse vuelto apto para participar de este principio unitario. Porque una ley debía dominar necesariamente a toda esta multitud, y el mundo no hubiera podido escapar al caos de no haber habido un principio de unidad que es el intelecto. Entonces, cuando hablo de no conformidad con el principio unitario en el caso de este país, estoy apuntando hacia el centro del problema: esto es, el rechazo de la razón.

LOS HOMBRES
Y SU MUNDO

El individuo y la comunidad

La discusión entre individualidad y comunidad llena los anales de los pueblos y constituye un momento de su ser. En las primicias del sistema comunal está la necesidad de vivir en común, que une a los hombres entre sí. Es una necesidad recíproca, no un principio colectivista por el cual los individuos se vuelven partes de un ser que ya no es suyo. La razón enseña al hombre que necesita de la ayuda de otros y debe sumarse a ellos. Es así como se forman las comunidades. El intercambio de órdenes y de servicios es la vicisitud de este sistema. Cada quien ejerce su derecho, y es entonces sujeto del derecho de otro. En cierta forma, todos se entreayudan por la vida del conjunto pero cada quien piensa efectivamente en su propio destino. Los seres de fuerza superior se nutren de los de fuerza inferior y de ahí nace la relación de la vida del conjunto, donde cada individuo goza en usufructo de la fuerza de todos, a la vez que da toda o parte de su propia fuerza. Adaptados a funciones particulares, todos parecen ser necesarios. Cada uno es una unidad, las unidades forman series y cada nueva formación representa un derecho que se afirma sobre otro derecho. Así es como un ser o una formación sustituye a otra. El conflicto entre la voluntad de orden y la pretensión de lo singular no solo es accidental, es constante en la vida de los pueblos. Las pretensiones particulares serán puestas bajo presión para armonizarlas con la voluntad de orden, aun si aquello lleva a perder parte de su valor propio. Las excepciones se afirman más o menos difícilmente, pero la regla es la conservación del orden comunitario ya que el objetivo de éste no es que sus integrantes alcancen las estrellas. Su fin está en la vida mediana de sus componentes; hombres vivos que se deben a la comprensión de que la operación conveniente se encuentra en el logro de esta armonía.

Un miembro sirve y se le sirve. Cada uno se subordina a los fines del organismo entero y esta subordinación fundamental fue el justificante de la jerarquía política. Es así como se aclaró la idea de la personalidad del Estado. El fundamento del principio jerárquico se estableció sobre la desigualdad natural y la reciprocidad de los servicios: será el esquema de todo el pensamiento social y político hasta el advenimiento de la República.

No había razón alguna para que este esquema histórico no tuviera su equivalente aquí, construyendo su medievo, sus luces y su modernidad. Pero no fue así. El punto dominante de su sistema no encaja en un armazón jerárquico aun medianamente rígido y no aparece ninguna distinción cronológica entre unos hechos que se presentan, por el otro lado, como simples variaciones. Pareciera que el orden ha faltado aun en el cambio del orden. Y no es que no existiera ninguna ortodoxia; su ortodoxia es más bien primitiva y grosera en su conjunto: ellos se identifican y se comparan por medio de la intuición individual, no por medio de la necesidad social. Por ello las materias y los sujetos son limitados, y limitada la acción de lo que sea. Así limitado, queda claro a qué se reduce el individuo: a nada, salvo la inspiración que anima los organismos y cosas existentes. En este orden, el individuo desaparece en la especie y el papel de ésta se reduce a la conservación. Aquello no concierne solamente a los miembros más bajos de la sociedad. Así, la existencia de un pensador no es absoluta, sino que parte de su pertenencia al grupo, aun si sostiene ideas diferentes. En la relación de cada quien con la sociedad, funcionan según el principio de remuneración, que no tiene nada que ver con la claridad de la dogmática cristiana. El valor de las relaciones es simplemente práctico; así es como se conjugan el comunitarismo extremo y una concepción extremadamente individualista de toda la realidad, tanto cósmica como social. Pero la realidad efectuó un movimiento de vuelta hacia la causa primera. Su existencia es absolutamente condicionada. Este problema de la concomitancia o de la costumbre es ante todo gnoseológico. Difícilmente podrá encontrarse a un mexicano que guste de la vida retirada; ellos no son ciegos: perciben amargamente la imperfección de su individualidad. El problema inicial es la educación. Solo en un segundo tiempo se podrá pensar en otros asuntos, aun si estos resultan vitales. Pero la colaboración de los demás es necesaria para cualquier obra de educación, y los mexicanos no gustan de la colaboración. A veces, en los momentos dramáticos, surge una suerte de solidaridad masiva emocional pero ésta se apaga rápidamente; y jamás la he visto surgir para la realización de una tarea racional constructiva y de largo plazo. La educación es una construcción cuyo resultado siempre diferido no da nunca emociones inmediatas, salvo en el noble caso del pensamiento activo. Además, supone una totalidad de los campos y de los espacios a la vez que su armonía. La sociedad, la casa y la escuela deben educar de igual manera. Debe haber una armonía en los conceptos y en los actos que acarrean esos conceptos. Pero, en México, el interés privado se opone radicalmente a la construcción colectiva; así como el sentido de la dignidad propia se opone a la dignidad del conjunto. A la vez, cualquier tentativa de criticar algún aspecto de la vivencia social se enfrenta a la masa de los connacionales, enemigos entre sí en su vida diaria pero solidarios para defender sus particularismos, aun los menos defendibles, como el desorden, la deshonestidad o la ineficiencia.

El otro aspecto enemigo de la educación es el rechazo de la globalidad del conocimiento y del rigor de la aprehensión.

La formación

He sido siempre un helenista por temperamento; defiendo el clasicismo occidental. Éste predica que el ejercicio del pensamiento no puede separarse de una cierta totalidad. Debemos saberlo todo, entenderlo todo, vivirlo todo. Debemos viajar por el mundo, conocer los paisajes y las clases sociales, las latitudes y las creencias.

La enciclopedia es la totalidad activa del saber. Pero no solo: incluso en su totalidad, la enciclopedia nos ha llevado a la docta ignorancia. El conocimiento es lo suficientemente profundo para comprender que la vida es más profunda que él. Entonces, había que apropiarse de la enciclopedia para el saber, y de la cultura para la vida. El tiempo de mi propio aprendizaje ha sido muy largo. Hoy trato de esculpir la opulencia de mi experiencia en el corazón de una cereza; esta pequeña obra, esta barca. Toda mi vida he tenido el patético sentimiento de errar en altamar: de ahí la necesidad urgente de construir un arca consistente, y que la verdad rigurosa se acompañe de belleza a la vez que de habilidad. Quiero convencer a la vez que contestar a mis propias preguntas. Quiero saber ¿cómo es que lo abstracto llega, en un momento dado, a un grupo de hombres? ¿Cómo es que se producen el orden y la claridad allá donde solo había confusión y desorden?

Antaño, se enseñaba a los niños a utilizar sustantivos precisos. Debían escribir "jacaranda" o "ciruela", no flor y fruta. Aquel que tuviese que buscar en el diccionario se quejaría de su suplemento de fatiga, pero el jardinero agradecerá este respeto por su oficio. Entonces: primero, la precisión. Luego, la síntesis. Esta sigue siendo la virtud clásica de la inteligencia. La mayor dificultad se encuentra sin duda en esta voluntad enciclopédica seguida por el deseo de síntesis pero, sin ellas, no se logrará componer un mundo.

En México, asistimos al estallido de una cultura que prohíbe la síntesis. Ésta exige valentía y audacia a la vez que mucha práctica. Muchos de ellos recibían información, no saber. Y aun con la información, no lograban amar la práctica del pensamiento. Si éste solo sirve para los domingos de la vida, si solo se utiliza de vez en cuando, se vuelve torpe y peligroso. A los que van armados con el rigor y el conocimiento, difícilmente se les podrá embrutecer con las ideologías y las mentiras. El conocimiento forma así lo esencial de la herramienta ética. Detrás de todo ello viene la rapidez, que es una categoría fundamental de la inteligencia.

La velocidad es elegante a la vez que patética. Estamos apurados porque nuestra vida es breve. Pero confundimos generalmente el tiempo con la medida del tiempo. Reemplazamos la temporalidad y la duración por la querella. Decimos: nosotros pensamos, ellos sueñan, como si tuviéramos dos cerebros, dos cuerpos, dos almas. Somos cerebro y cuerpo y alma y este conjunto es la matriz de todas las debilidades. El verbo viene del gemido; la vida viene de los azares de los encuentros; el pensamiento viene de una fluctuación momentánea y la ciencia viene de una intuición. En este mismo ser caben grandezas y pequeñeces. Construir lo grande nos dirige hacia la fragilidad; debemos aceptar que las cosas grandes son frágiles, mientras que protegerse consiste en vivir en medio de los fragmentos. Alguna vez, los teólogos tendrán que citar, entre los atributos de Dios, la debilidad absoluta. A la vez, todo lo que es sólido y duro —los crustáceos, las corazas— es irremediablemente arcaico. Los fluidos, las comunicaciones, las relaciones, son la síntesis de la fragilidad. Una paz frágil vale más que mil guerras sólidas; quizá nos daría la sorpresa de durar, como lo suave resiste más que lo duro.

Los indígenas

Este consejo vale para mí y para los demás. Aquí los más leales a su historia presentan el perfil atormentado de seres que pretenden ser fortalezas.

Ni buenos ni malos, son más bien herméticos. Garantes de una pretendida autenticidad, afirmación y testimonio, fueron cátaros por su voluntad de aislamiento, de separación y de inmediatez. Estos jeremías contemporáneos no se lamentaban por sus pequeñas desgracias personales, sino por una situación engendrada por un drama histórico. Las heridas recibidas les impusieron la reacción casi salvaje de plantar su tienda en un lugar alejado —aun desértico— ya que los demás lugares estaban ocupados. La ilusión del pasado se encontraba en ellos tan sólida como la más contemporánea de las razones, y el resentimiento era el pan cotidiano de su oficio de pobres.

Pero no se podía rehacer la historia, así que la suspendían. No concebían el tiempo como una línea irreversible y continua. Esclavos en medio de sus tribus, la alta organización de cada grupo acentuaba la supervisión de cada ser; a la vez que un conjunto de bloqueos formidables expresaban una exigencia salvaje de libertad frente al orden foráneo. Era como una necesidad del caos que protegía la ausencia de todos los límites hacia el exterior, mientras que adentro aquellos que aplastaban todo y no comprendían nada, que impedían o atrasaban la introducción de las grandes novedades, esterilizaban a los hombres de su raza imponiéndoles una moral de conformidad obligada. Los que aumentan y hacen crecer quedaban expulsados por los que toman y reducen y, mientras que el país evolucionaba, la totalidad del grupo se la arreglaba en medio del caos, atravesaba la realidad como un fantasma y quedaba sorda y muda en el centro del ruido que ella misma había generado. Así vivieron al lado de las peores tragedias del siglo sin darse cuenta de ellas.

La era de la tormenta y de la crítica nació de estos fragmentos. Ocurrió un estallido y un cambio extraordinario, que pretendían venir de un pasado casi muerto. El tiempo se había plegado de otra manera; los equilibrios de ayer se habían vuelto los desequilibrios de hoy. Todos los pueblos entienden, con la madurez, que existen escalones en la vida de las naciones, unos de servidumbre, otros de liberación.

Para alcanzar ésta, sus mejores hombres deben pasar por todas partes, por toda la enciclopedia, alzarse por encima de los órdenes antiguos, sin burlarse de ellos, mostrar que el espacio de la política y de la economía ha cambiado; deben conocer todo el pasado, luego dejarlo y recomenzar. No será un nuevo nacimiento; estos no existen. La historia avanza y retrocede vacilando; ignorar el pasado expone a repetirlo. Admirarse en su espejo expone a la muerte; pero si no hay que olvidarlo, tampoco hay que cazarlo y comérselo.

Esta tradición que despertó tenía dos mil años; el olvido tenía apenas cien; pero la tradición carroñera de los vivos tiene millones de años y esta antigüedad no le da nobleza.

Hoy están oponiendo su pasado a un presente y un futuro que consideran ajenos, pero una idea contra otra idea es siempre la misma idea afectada por un signo negativo. Las oposiciones son la lógica de los guerreros; deben debatir entre ellos y con el mundo. Aun si el debate no hace avanzar las ideas, por lo pronto impide las guerras.

En lo que concierne a la vida, creo que les conviene una democracia, aun si ésta produce un contrato de conformidad. Las obras necesitarán de la madurez de la República, que exaspera el individualismo. Por desgracia, lo que está triunfando entre ellos es el sistema publicitario. A pesar de todo lo que podría decir de él la opinión pública, este sistema que llamamos república es, de lejos, el más avanzado de todos. Es el que garantiza la libertad del pensamiento a la vez que la solidaridad ciudadana, la grandeza de los individuos y la humildad obligada de los grupos; mientras que el sistema publicitario engrandece la mediocridad, rebaja la excelencia, destruye el grupo y aumenta la masa. Esto representa el triunfo del mercado, no el de los hombres libres.

El mundo de las ideas

A pesar de la suavidad de su censura, incluso en sus épocas más recias, este país no es el lugar privilegiado para que florezca en él la libertad de pensamiento. Dudo mucho que la hayan conocido jamás, por la razón simple de que los debates intelectuales les interesan poco.

La libertad de pensamiento se reinventa sin parar y tiene como condición el amor por el pensamiento. En México las relaciones entre sí de los intelectuales se hacen fuera del conjunto de las vías ordinarias, de lo que llamamos las grandes corrientes. Ellos se ubican más por sus amistades que por sus ideas. No casan la exigencia de libertad con la autonomía y poco importa lo que piensen, el hecho es que actúan juntos, gozando a su más alto nivel la libido de la pertenencia. Este ambiente intelectual determina a los individuos, que se imitan entre sí confundiendo la convicción con la indolencia. El paisaje del espíritu da la imagen de un supuesto compositor que interpretara la misma obra con la misma nota. ¿Acaso sería un compositor? Siendo yo mismo hijo de una derrota, poco podía apreciar las destrucciones; apaciguado, he tratado de alejarme de los odios recíprocos. Así que, al conocer este medio, preferí evitarlo. Pretendí desconocerlo a tener que describir sus detalles; no hablo de sus contenidos intelectuales, hablo de su ambiente. Aquí reina un terror que alcanza las bajezas de la vida privada. A lo largo de los años, los he visto vivir polémicas y censuras; luego se olvidan de todos los nombres que han atravesado estas guerras para que solo quedara la guerra misma, ampliada a todos los sujetos. El medio intelectual mexicano es la guerra y ha logrado constituir una de las sociedades más terroristas que existieran contra la inteligencia. Grupos poderosos organizan sin cesar tribunales, que citan y juzgan a tal o cual acusado de uno o múltiples delitos, y los jurados cuidadosamente escogidos deliberan y condenan sin que interceda ningún debate real. Todos, acusados y acusadores, juegan el juego en momentos diversos. En el espacio del miedo solo domina el terror.

Yo guardo de todo ello un recuerdo aterrado. Aquello no se limita al mundo de los pequeños; mientras más subimos en las escaleras del reconocimiento social, más nos acercamos a las fuerzas malignas. Los intelectuales practican de una u otra forma algún tipo de poder y éste es el error: hay que dar lo que sea a un artista, un escritor, un filósofo, salvo el poder, aun local, aun parcial, aun limitado a lo suyo propio. Con el paso del tiempo, mi terror dejó lugar a mi risa: ya los conocía bien. Todos se decían perseguidos. El consejero de los ministros pretende ser un paria y cada quien acusa a los demás de tener posiciones de poder, mientras que él mismo sube por la sola fuerza de sus puños en contra de la oposición universal.

Sus fidelidades siguen tributarias de sus años de formación primera. Es como si el tiempo se hubiera detenido; a partir de una cierta edad, las cuestiones de formación pierden su interés, ya que uno se vuelve el padre de sí mismo. Solo los perezosos y los enfermos siguen siendo hijos de su núcleo inicial. La verdadera, la austera y dolorosa formación se hace después. Solo entonces uno aprende a resistir, a decir no a las verdades corrientes —incluso las de su formación inicial— e instalarse por su cuenta; hacer el aprendizaje de la independencia, de la libertad de pensamiento, de la incertidumbre, de la duda. El resultado de todo ello es la huida lejos de los grupos de presión; el descubrimiento de la soledad.

Un escritor, un artista, un pensador adquiere entonces su estilo singular, que solo puede venir de la soledad específica aceptada. La soledad de los renovadores es inmensa. ¿Quién no está aislado cuando busca? Sin pertenencia, uno debe comenzar una obra. Estando sin casa, uno tiene que construirse una. Así es como las ideas avanzan en la soledad, la independencia, la libertad y el silencio. Lo que les hace falta a los intelectuales mexicanos no es la bendición del poder, una mejor vida material o incluso un público mayor, sino conventos. En estos conventos vivirían los anacoretas que elaborarían la verdadera cultura.

Durante todos estos años he vivido en un aislamiento total. Ellos no podían concebir que uno salga de los mejores moldes institucionales y se quede totalmente solo. Pero la soledad de la cual gozaba no me protegía del terror, ya que, para ellos, el castigo y la tragedia eran aquel aislamiento definitivo.

Deseo que un sismo violento sacuda la república de las letras y de las artes; que les sea posible tratar de las obras de su tiempo como si fueran objetos que no les conciernen ya. Alguna objetividad debe existir, alguna libertad debe desearse, aun en la sociedad de los hormigueros. Pero mi deseo no tiene base ni razón de ser. Estos artesanos eran hijos de su mundo y no tenían posibilidad alguna de ser diferentes a él, a menos de sustraerse; es decir, desarraigarse. El hijo de una sociedad libre es libre por amamantamiento. ¿Cómo será entonces el hijo de los siervos?

La libertad

Philopoemen, ¡cuánto hemos amado la libertad y cuánto hemos tratado a lo largo de nuestras vidas de expresarle nuestro amor! Cuando llevaba tus cenizas a tu tumba, te hice el juramento de averiguar con todos los recursos de mi espíritu y de mi corazón ¿cómo es posible que un Estado pueda extender su dominación y cómo otro pueda ser derrotado y humillado? ¿Cuáles son las razones que explican el rebajamiento de las naciones a pesar de su grandeza pasada? Roma nos había conquistado. No era mejor que nosotros. Sin embargo, no fuimos capaces de resistirle; merecía ganar como merecíamos perder. Podíamos, tú y yo, achacar nuestro destino a la injusticia de los hombres y a la malicia de nuestros vencedores, ¿a dónde nos hubiera llevado tal actitud? Más valía observar al enfermo y diagnosticar el daño desde dentro para brindarle simpatía y desde fuera para garantizar la objetividad que da la distancia. Yo tenía que comprender ¿qué es lo que hace libres a los pueblos y a las naciones?, ¿qué es lo que hace siervos a los países y a sus habitantes?, y he llegado a México, en el horizonte del mundo, para mirar en el rostro ajeno las heridas que quería curar. Pero la lección de esta experiencia fue mayor que la que esperaba. No aprendí nada sobre Grecia, y sí aprendí sobre la infinita capacidad que tienen los hombres para engañarse a ellos mismos. En el choque que nos opuso a los conquistadores persas nos dimos cuenta de que había entre nosotros, griegos, y nuestros adversarios, una diferencia política que determinaba todo lo demás. Los persas obedecían a un soberano absoluto, temían a este amo, se prosternaban ante él. Aquellos usos no existían en Grecia. Somos libres, Philopoemen, pero no en todo: tenemos un amo, la ley, que tememos aun más que el temor que inspiraba Jerjes a sus huestes. Ahí estaba el principio aceptado de obediencia a una regla, lo que supone la reivindicación de una responsabilidad: los hombres optan por algo que nadie les impone; no son esclavos ni sujetos de nadie. Son libres y obedecen la ley. De este contraste mayor surgen todas las demás diferencias: la simplicidad frente al gusto por el lujo; el esfuerzo en relación con la pereza; la reserva en oposición a la violencia de las emociones exteriorizadas. Se trata de todo un principio de vida que define una originalidad fundamental y que se llama civilización. No podemos temblar frente a la voluntad divina; tampoco temblamos frente a los inexistentes sacerdotes. Esto excluye el secreto. No hay Dios que nos aplaste; no hay hombre que organice para sí solo el reconocimiento fastuoso de sus triunfos. Ahí está la frontera entre la libertad y su opuesto: pueblos que se prosternan y pueblos que se niegan a ello, pero que respetan la ley. En la fundación de nuestra República, Solón legisló y estableció las nociones de orden, de civismo, y habló de los riesgos de excederse.

Vine a México y conocí a sus hombres. Todos afirmaron ser libres: en efecto, hacían todo lo que querían. Afirmaron su libre albedrío y situaron en la libertad de querer el fundamento de su salvación. Dije, aterrado: "El concepto de libertad se forja a la luz de la razón y de la realidad que lo rodea". Dije: "La libertad ha sido creada. Vivió un momento. Después la libertad ya no fue libre". Me contestaron que la libertad no coexiste con la acción sino que le es anterior, y cesa cuando ésta comienza. Entonces la libertad se limita a querer y lo demás pertenece a la naturaleza. Respondí que la libertad es el poder querer lo que era posible, que el hombre poseía la razón natural y que ésta basta para permitirle el conocimiento. Yo ligaba la libertad a la razón, a la voluntad y al acto razonable, y ellos pretendían que la libertad que es voluntad no tiene razón de ser. Escuchándolos y viéndolos, bien me daba cuenta de que esta forma de libertad divorciada de la responsabilidad del acto aniquilaba todo, no solo hacia afuera, sino en sus propias entrañas y existencia. Así, fuera del hombre solo, negado como situación y como responsabilidad, no había nada. Tampoco encontré un esfuerzo particular para justificar este punto de vista: no tratan de explicar su visión de la libertad, les basta con afirmarla. Entre los pueblos de cultura más refinada, la influencia de la especulación es notable y este esfuerzo de comprensión les otorgaba profundidad y dulzura: su actitud carecía de hostilidad hacia la vida. Pero los mexicanos representan el extremo opuesto: quienquiera que contradiga o discuta sus afirmaciones se vuelve su enemigo. La duda basta para tacharse de agresión. Había que quererles y aceptarles fuera de toda razón. Ellos eran libres y aquello era visible evidentemente: ¿acaso no destruían lo construido, negaban lo confirmado y apagaban la luz de las estrellas? Libres de morir y de sufrir, libres de cantar su desgracia, libres de abandonar a sus familias y su trabajo, libres de violar las reglas de la convivencia, libres de asesinar el tiempo y la obra, libres de no hacer obra, libres de no hacer nada, libres de no tener leyes.

Les dije que las leyes eran el amo de los griegos; que la soberanía descansaba sobre un acuerdo libremente consentido; que después de entrar en posesión de los derechos cívicos, conocer la vida pública y enterarse de las leyes, si se queda a vivir en la ciudad con los otros hombres, el hombre libre aceptará comprometerse a obedecer las leyes. Les dije: "Nosotros no hemos inventado ni la ley ni la libertad pero hemos aportado fervor e insistencia para casarlas; definir su papel; amarrar la dignidad de una a la integridad de la otra. La fuerza de las leyes consiste en decir que correrán a asistir a aquel que es víctima del tirano. Así la ley sirve para reforzar la libertad, no para violarla".

Aquel sentimiento de rara potencia que es la libertad, es fácilmente desvirtuado en caos, y es el desprecio de las leyes el que provoca el nacimiento de la tiranía, no su obediencia. Sé que esta idea es válida en todas partes y siempre, pero al cabo de varios años de vivir en México, no he logrado observar ningún entendimiento, ni siquiera un leve acercamiento a ella. No hay aquí disposición alguna para ver en las dos nociones —libertad y ley— componentes de una misma fórmula. Para los mexicanos la libertad es opuesta a la ley, que es limitante y represiva. Es aire, es tormenta, vientos ilimitados, fieras carnívoras; la libertad es libre de su propia humanidad; es libre de la necesidad, del amor, del trabajo, de los hijos; es libre de la vida y puede aliarse con la muerte; es libre de la ciudad, del acuerdo mutuo, de la patria, de la lealtad. La libertad es libre de Dios, del principio rector de sobrevivencia; es libre de la promesa del cielo y de la amenaza del Erebo. Los infiernos están sobre la Tierra; en ellos la ausencia de los límites es materia infernal y la ausencia del acuerdo, eso es: del contrato con los demás hombres, revela un sistema. No se trata de destinos o de aventuras individuales, lo esencial no es el nombre del huracán, sino la tormenta como tal. Así la tiranía de cada quien es prueba de su capacidad y de la anchura de su libertad y sustituye al acuerdo ciudadano; sigue el laberinto del caos; y los hombres despiertan fuera de él solo cuando el mundo entero se ha destruido. Libres de encontrar la muerte en el transcurso de su juego, despertarán cuando la muerte se haya transformado en la regla del juego. Cada quien entonces recibe su merecido: al ladrón le roban, el que quiso la libertad sin límites tomará el camino del Erebo; el infierno es el territorio de la desmesura; jóvenes lobos despedazan el cuerpo del lobo viejo: ésta es la ley de la selva.

Pero el orden nace en la vecindad del desorden: en el límite tembloroso de la noche, el orden nace de la necesidad. Ella es el primer término después del caos, la primera señal en la noche sin sentido, el nudo fijo en medio de la cuerda primera; ella es el sentimiento de que algo falta después de la decepción, del dolor de la insignificancia, de la fatiga por tanto menear sin decir nada: entonces podrá vencerse a las potencias y los dioses de la muerte. Entonces descubrirán los límites de la libertad que es la libertad misma. Entonces descubrirán la voluntad.

La voluntad

Los he visto sin voluntad frente a la política, el trabajo, el amor, los hechos de la vida. Los he visto indeterminados dejándose llevar por sus pasiones o por la circunstancia, el azar y los demás. He visto la negación de esta madurez del espíritu que permite ubicarse en el mundo. ¿Cómo definirla? Advierto que el espíritu tiene una facultad específica que es la voluntad. Ésta se declara en la intención, mientras que los actos humanos, incluyendo los del conocimiento, son producto de una necesidad natural. El espíritu es un estado y un modo de ser, no un atributo, pero la voluntad es diferente: es un atributo al igual que la palabra. No existe un concepto de voluntad pura. Ésta se manifiesta empíricamente; se identifica con el concepto de libertad de actuar; y se renueva con cada acción. Aquel que dispone de todo el orden de la realidad, dispone también de la voluntad humana. Entonces, la voluntad podría llevarse a un acto de determinación entre los diferentes, porque no hay voluntad frente a lo indiferente. Ella es el árbitro. Ella sería el bien. ¿Acaso es libre? Aquí está el problema de la elección, del querer. Pareciera que la libertad de la voluntad no existe, porque todo se determina. Esta causa tiene otra causa. Pero la voluntad no tiene ninguna causa y el hombre puede escoger lo posible; aunque pueda querer lo imposible. Así es como se devela el problema del libre albedrío, que es la voluntad que solo puede ser racional; que no es este fenómeno prerracional llamado instinto tantas veces extraño, tantas veces enemigo de la razón.

Pero si la realidad se niega, ¿cómo podría conocerse? Si los hombres han decidido, una vez por todas, situarse fuera de ella, en una realidad paralela protectora, donde lo que no es podría ser y lo que es se transforma en una cuestión de opinión y de criterio, entonces el conocimiento mismo queda negado. Si la voluntad es determinación entre unos diferentes conocidos, si estos diferentes no se conocen o son indiferentes, entonces, ¿de qué voluntad podemos hablar? Si en el origen de la voluntad existe la predisposición racional del hombre y esta racionalidad se ignora y humilla en provecho de una intuición instintiva vitalista, entonces el acto de voluntad está negado en su origen y esencia: porque supone una responsabilidad.

La responsabilidad

Toda la historia ha buscado envolver con responsabilidad los hechos del mundo, para encontrar la conexión entre el hombre y su acción que permite atribuirle responsabilidad al mal. Hemos aprendido que el error depende de un sujeto, que es el autor de sus actos libres. Pero, en México, no existe ningún autor de los actos libres, ya que se niega toda facultad de actuar. Al negar responsabilidad al mal, se reduce lo más posible la acción y se niega al hombre cualquier participación en sus propios hechos: no hay ser eficiente, no hay ser equivocado. Un extremismo absoluto es recurrir a todo lo que puede descargar de responsabilidad de los fenómenos, estructura la vida. No es que nieguen el conocimiento, sino que transforman su esencia haciéndolo de calidad secundaria y accesoria. Las intenciones triunfan y se conservan en la memoria; así es como la fe puede ocupar el lugar de las obras y tener su valor.

La nada, lo indeterminado, el aire, el pronombre indefinido se vuelven actores de la vida y sujetos de las obras: nadie llega tarde, algo ocurrió que hizo que alguien llegara tarde; nadie rompe el florero, algo lo mueve, le da una dinámica que lo desequilibra y lo hace caer. El producto del trabajo es malo no porque el obrero lo hiciera mal, sino porque alguna fuerza extraña, fatal, hizo que así resultara. La responsabilidad del error, del daño, no es de nadie; todo es accidente, aun la destrucción, aun el crimen. No existe un sujeto autor de los actos libres porque los actos no son libres; porque todo se conjuga para que haya pocos actos, o ninguno, porque no hay autor (vale la pena resaltar el hecho de que la acusación que se lanza más comúnmente en el medio cultural mexicano es la de plagio, no porque el plagio sea más habitual que en otras partes —finalmente, a partir de un cierto momento, las ideas y aun las formas, se vuelven comunes a todos—, sino porque se duda de la posibilidad misma de la autoría) y porque —y ésta es la conclusión más temible— probablemente no haya siquiera un sujeto.

En todo el proceso de producción y de vida, las intenciones triunfan sobre las obras. El "yo quise" o "yo no quise" avala el resultado, cualquiera que éste sea. El receptor, el otro —sociedad o individuos— debe aceptar esta afirmación en lugar del hecho mismo. Es la crónica infantil de los puntos de partida, jamás de los puntos de llegada: estos pertenecen al proyecto adulto, a la crónica de la madurez. Así, la relación del mexicano con el mundo se basa esencialmente en la fe: él cree en su buena fe; habrá que creer en sus intenciones; seguirle dando crédito por un tiempo indefinido, a pesar de los resultados y las experiencias acumuladas.

La liviandad

En Europa he conocido pueblos que homenajearon su pensamiento a tal punto que renunciaron a la felicidad, y he conocido en Oriente una religión que representaba la negación de la vida. En México, los hombres quisieron salvarse sacrificándolo todo, incluso su pensamiento y, contrariamente a los budistas, buscaron en la vida el mayor potencial; en lugar de la renunciación, desataron la ebriedad de las pasiones y de los deseos; fabricaron actitudes de vida, esa vida empírica que es la decadencia del espíritu. Oriente presintió el eco de su oscuridad y la sombra de su peligro; sobre este presentimiento construyó la jerarquía de las diversas dichas del individuo. Para este lado del mundo, la felicidad más grande venía justamente de la liberación de las diferentes necesidades de la vida, mientras que para los mexicanos la felicidad más grande cabía en la mecánica de la vida misma. El guardián de esta liberalidad inocente era un sistema aparentemente pueril que negaba de manera absoluta la ciencia, porque veía en ella un objeto condicionante. El pensamiento era la primera víctima de esta espontaneidad de la naturaleza; la razón no se salvaba. La espontaneidad incitaba a seguir la fuerza de la intuición. Todo cabía dentro de la finitud: solo es vida la cotidianidad, la inmediatez de la materia; solo es placer el que se refería a las diferentes funciones de esta materia; solo es felicidad el gozo instantáneo. Los placeres del largo plazo, la felicidad del espíritu satisfecho o hurgador quedaban así expulsados del sentido mismo de vivencia. Es historia la que relata cada cosa de cada día, el anecdotario de cada quien: así el título de novela dejaba de aplicarse a la novela de ideas; su calor no calentaba; su lectura no cabía dentro del programa de las lecturas.

La intuición es una reacción inmediata del espíritu, no así la reflexión que es la larga carretera de la razón. De este modo, la intuición ganaba a la reflexión. El gran derrotado de este sistema era el espíritu, la inteligencia laboriosa y austera, constructora y rigurosa. El gran vencedor era el campo de la ligereza, la idiotez simpática. Una extraña atmósfera de indulgencia chorreaba sobre los muros tambaleantes de este país; con su gentileza desabrida, esta indulgencia se aplicaba a todas las manifestaciones públicas y privadas. Nadie parecía querer protestar contra el cretinismo triunfantemente esparcido, como si temieran mostrar algún elitismo y prefirieran callar frente a la risa hueca, el discurso vacío, la tontería perentoria y la ignorancia feliz. Cuando la democracia trajo el reino de la *mediocritas* y con ella ascendió la insignificancia, México elevó a un trono imperial este nuevo poder: la insignificancia corría y saltaba sin barreras en el país de la nada; las anécdotas contadas en una lengua familiar acabaron por parecerse a un rumor crecido en el cual el pueblo se bañaba de la mañana a la noche. La suavidad imbécil, la frescura sin fondo ocuparon un espacio que se ofrecía como las hembras conquistadas. Se revaluó a la baja el nivel mínimo de la inteligencia y se vio favorecida la costumbre progresiva de la sandez, que desarmaba toda veleidad de reacción.

¿Qué lógica sustentaba esta caída sin límites? La búsqueda angustiada de la vivencia diaria, inmediata, que trataba de captar sus pruebas, cada vez más en los sótanos del espíritu. Por supuesto, quedaban algunos refugios donde el aire nacional se antojaba menos enrarecido, pero detrás de la indulgencia global se adivinaba una disposición calamitosa de los seres. La ligereza quedó promovida al rango de manifestación de minoría oprimida, que solo un tirano elitista e intolerante apuntaría con el dedo. La menor protesta de la ignorancia, la primera gran tontería, el más detestable de los chistes, equivalían a un testimonio de frescura vital, digno de respeto. La complacencia de la cual se beneficiaba la imbecilidad simpática, expresaba una capitulación histórica. La ligereza se había vuelto un elemento clave de la constitución nacional. Así es como se prostituyó la vida, rebajó la escritura, transformó el pensamiento en productor de chatarra. La anécdota se promovió al rango de logro nacional y la liviandad se volvió sinónimo de felicidad. ¿Cuál es este misterio que ordena las recesiones?, ¿en que lo mejor sea vencido por lo peor y lo valioso se encorve frente a lo despreciable? ¿Cuál es el enigma de este pueblo que parece llevar entre las costuras de su alma la fatalidad de su decadencia?

Adulto desde hacía tanto tiempo, quise buscar entre los restos del cadáver amargo que se ofrecía a mi vista a otro adulto con quien hablar: no lo he encontrado. La derrota no ha liberado a este país de su infancia, la ha confirmado. Ni el fuego del saber, ni el fuego de la vida pudieron sacarlo de su decisión de no crecer más.

Todas las formas de nuestro propio dolor que compartimos como hombres de diferentes razas y naciones, no impedían que el mismo horizonte se instalara en todas partes: existe un tiempo para la infancia y otro para la madurez. Hemos necesitado sumar treinta años de esfuerzos para descubrir esta ley, este círculo de los círculos, y al término de todos estos recorridos, al cabo de todos los encuentros, pensamos que no queda ya un solo lugar por el que no hubiéramos pasado. La vejez era nuestra puerta, nuestra clausura máxima. ¡Error! La tierra se abría al oeste del Atlántico: una isla inmensa de niños crecidos cantaba las loas de la espontaneidad y de la intuición; detestaba la razón, el tiempo largo, el paso de la historia. Su geografía ocupaba todo el espacio. Se reapropiaban por la ignorancia de lo que había pertenecido al saber; proclamaban la vuelta de la naturaleza. No existía región que no debiera reconquistarse. Su sistema representaba, de manera particular, el panteísmo absoluto. Este sistema esencialmente gozoso aparecía como un rendirse entre los brazos de la naturaleza. No lograban ver que la naturaleza era un sitio de discordia, y un principio de separación que la razón, a veces con muchos esfuerzos, apenas lograba apaciguar. No: en su espíritu inmaduro la razón era la madre de las discordias. Esta tendencia exagerada hacia el panteísmo, esta actitud particular del sentimiento humano que rechaza la especulación y se reduce a manifestación de la vitalidad de la materia; esta necesidad, esta sed de encantamiento son las características esenciales de la puerilidad. La gran aventura interna es hija de otros tiempos, otras edades, que este pueblo no ha alcanzado aún.

Paseé por el libro de todos los libros, el libro del mundo: está escrito en una lengua legible. La experiencia es la totalidad de las leyendas del mundo, y la reflexión y la especulación la explican; no así la espontaneidad a la que debe pulirse, así como a la intuición hay que pensarla. El panteísmo no es vivir, porque la vida —los hombres lo saben con creces— es alegría y tragedia. Aprendemos de los libros y del dolor, del orgullo de la ciencia y de la extrañeza del sufrimiento. El mundo es el espacio donde se inscriben todos ellos y el panteísmo es la mutilación de los ojos que ven el mundo; por él se promueve la ley del deseo en lugar de la ley de la vida. Nadie ha buscado impunemente el corazón del conocimiento. Lo hacemos con contradicciones y con sueños, y sabemos que la totalidad del saber contiene un no-saber salvaje. El precio de todo ello es la elevada edad de la vejez, cuando el tono de la voz se vuelve más bajo, cuando salimos de la estridencia. Aquel que llegó, ya en su elevada edad, algún día soleado, al pie del Popocatépetl, no sabía que este monte coronaba el país de los niños eternos. Era un errante y un explorador; tenía la precisión del ingeniero y la modestia de los sabios. Pensaba contar, a su manera y otra vez, el ciclo de Orfeo. Aquel que descubrió la formidable ciudad de México era poeta, astrónomo y geómetra; quería contar a su manera la infancia del árbol, la madurez de los frutos y su caída. Esta obra debía llenar la extensión terrestre, hablar de las travesías completas de los humanos y de su historia. Pero otra cartografía me reveló una tierra extraña. El itinerario humano no se verificaba: el país era una isla y el marinero no debía abandonar nunca más Ítaca. Había terminado el recorrido de los mundos conocidos y desconocidos. Quedó atrapado en la isla de los niños.

Vivir en México no solo es una errancia en la superficie; el periplo comprende un viaje por los infiernos, y viajes en la noche oscura e innombrable. Caminé en el espacio ordinario; me orienté según los consejos, no quería juzgar. Mi recorrido de apropiación de la tierra debía ser una encuesta. Por ello necesitaba ser el amigo de los hombres, el marido de las mujeres, el siervo de los amos, el obrador. Mi objeto era descubrir el lugar donde los problemas se habían originado: quizá ahí mismo podían ser resueltos. Al igual que Apolonio de Tiana, emprendí un largo andar para percatarme de las mareas de la historia: un día, un pueblo fue vencido y, para no ver más su derrota, decidió retroceder en la edad para vivir la infancia que precedió a la derrota. Creí haber encontrado la razón de los fenómenos: se empujaban, caían, se golpeaban, corrían como infantes, y como ellos, al final de cuentas, reían. Pero no había encontrado más que un punto anterior en la crianza de estos mismos fenómenos. Al llegar el conquistador, creyeron que era un dios y se prosternaron: niños condenados a la derrota por su niñez originaria. Niños al fin. Niños por una incapacidad de su materia, ligeros por la ley de la liviandad, su gran número los volvía peligrosos: humillaban al pensador que no comprendían, y asesinaban a la monja astrónoma y poeta que salía de su consenso; luego organizaban homenajes con la misma actitud de crueldad terrible que había originado su muerte. Los siglos pasaron y ellos siguieron siendo seres de infancia. Y porque la infancia tiene poco entendimiento y es cruel, pretenciosa, estrepitosa e injusta, entre ellos la vida del espíritu seguía siendo el mismo regreso al terror y la pequeñez. La monja firmaba una y otra vez con su sangre y moría de peste, mientras los niños irresponsables de la nueva época aplaudían los logros de la monja anterior.

En su más cercana vecindad, el viajero se encontró desnudo, sin recursos; se produjo entonces un nuevo evento: empezó su iniciación. El periplo ordinario se había vuelto epifanía, para encontrar el secreto que permite a unos pueblos crecer y a otros estancarse. Poco a poco, ellos habían dejado el espacio por el sueño y la enciclopedia por el mito. Algunos, los menos dañados, tenían todo lo que necesitaban para instruirse; a veces sirvieron de traductores para los demás, pero la presión de su entorno era tan grande que tuvieron que rendirse. Algunos callaron; otros pretendieron haberse vuelto niños con los niños. Los demás se volvieron niños.

A pesar de los años, me he quedado del otro lado del muro. A veces creí acercarme a la demencia: no podía aceptar la voluntad de los niños y sus razones agredían mi razón. Jamás he podido convencerlos y su creciente liviandad era la prueba de mi pesada desgracia.

Aquí no estamos ya en el mundo de la investigación: estamos en lo prohibido. De este viaje no hay vuelta: ganarán por el peso de su demencia y se alegrarán por ello. No podían perdonarme. Este es el castigo por haber visto demasiado.

En esta isla existe un odio profundo por todo lo que se aleja de la espontaneidad del instante primero. El trabajo, la elaboración, se oponían a ella y por ello se les expulsó. Afuera estaba el juego: jugaban a vivir y a tener hijos; jugaban a amar; jugaban a la familia y a la política; jugaban a escribir: allí, la inteligencia, la reflexión parecían ser la prueba de la carencia de creatividad. Para ser creativo había que dejarse llevar: en México se rechaza el acto de correr y pensar a la vez. Amaron la afirmación que aseguraba la eficiencia de la educación por medio del juego: aquella ideología nueva les convenía. Sus hijos aprenderán jugando, como los adultos seguirán haciéndolo más tarde. La avidez del esfuerzo, la búsqueda por las noches, la fatiga, el largo y austero camino que lleva, entre rocas y accidentes, al conocimiento, no estaban hechos para ellos. Tenían que lograr todo lo que deseaban de la vida por medio del encanto solo. Sus mujeres ideales eran aquellas que más se parecían a esta imagen de eterna infancia. Sus hombres tampoco lograban alejarse de esta feminidad infantil, sea en la vida social, sea en el trabajo: al fin y al cabo todo podía conseguirse con la sonrisa, tres palabras sin sentido, una niñería.

No podían comprender la exigencia de algo más real: hechos, objetos, cumplimientos. El que se atrevía a hablarles así era sin duda alguna su enemigo, que no les comprendía ni les amaba. Otra vez fallaba la lógica de los intereses, solo quedaba el querer o el no querer, como en las sociedades menores.

La inferioridad

Y el niño no puede ser señor. Se le manda, y él tiene que obedecer. Vengo de un país derrotado y he llegado a un país derrotado. Las aguas se mueven para todo el mundo y en las bañeras todos se bañan, pero solo Arquímedes deduce. Las grandes intuiciones de la comprensión son simples: quiero decir que estábamos hechos para sentir y actuar de la misma manera, con algo de amargura y algo de ironía, escepticismo y agudeza; éstas son las cualidades de los vencidos. A veces rencorosos, desarrollamos un sentido de la injusticia y lo templamos con el tiempo. Hemos sido grandes y ya no lo somos pero la historia así está hecha, ¿cómo negarla? Llegan los tiempos de las cuentas, las tentativas de comprensión; los iniciamos con los debates, generando nuestros propios seres taciturnos los cerramos. Porque las ideas nuevas vienen de los anacoretas, los solitarios, que se retiraron del ruido y del furor del mundo y pronto, gracias a todos ellos, el país evoluciona y crece. Porque la salud de un país viene de la salud de sus hombres, y su enfermedad genera enfermedad.

En todos mis viajes jamás he visto pueblo alguno tan hijo de la enfermedad como el pueblo mexicano. ¿Acaso puede una nación entera roer su alma como lo hacen, sin perder su alma en consecuencia? No sé cómo era su orgullo en el pasado; hoy su inferioridad se vuelve patente por el sentido que tienen de esta misma inferioridad: se ven inferiores en los ojos de los demás y en los suyos propios; se sienten inferiores e iracundos; actúan como inferiores; hablan, trabajan como inferiores; montan a sus hembras sin lograr situarse por encima de ellas; escriben y la letra no logra enaltecerlos; son estos los complejos de un corazón empequeñecido. En respuesta, cuando se les presenta alguna oportunidad de rebajar y humillar a quien pueden, lo hacen con una crueldad inaudita, como si quisieran cobrar de una sola vez todas las humillaciones que sufrieron. Este hundimiento en la caída propia, este odio profundo por cualquiera que se yergue, son prácticas colectivas. Les es imposible aceptar los dones del mundo y del cielo en quienquiera que sea lejano o cercano, coterráneo o extranjero, como si rebajar al otro procurara un bálsamo para sus heridas. Los celos, la envidia son aquí piezas de un edificio sin aberturas; nadie debe levantar la cabeza por encima de la pequeñez general. En un pueblo verde, nadie puede tener un color diferente. Sus grandes hombres han tenido que dejar de ser grandes; o han sido ninguneados y destruidos, odiados y rechazados; algunos han logrado salvarse escogiendo la extranjería. Ellos afinaron un sistema que, si bien encuentra rasgos parecidos entre los demás pueblos, se ha vuelto único por su perfección; este sistema hace de la mediocridad la virtud óptima y se caracteriza por el odio profundo hacia todas las virtudes. Cuando la virtud es extrema, el odio también es extremo, y los grandes desdichados que hubieran podido ser hombres y mujeres inmensos en otras geografías, aquí fueron piedras de tragedia. La inteligencia extrema como el valor extremo, el exceso en los dones, la evidente grandeza, el señorío, que hubieran enaltecido a cualquier nación, han sido aquí sistemáticamente destruidos. En cambio, sus grandes hombres son, en relación con su propia estatura, bastante representativos de la generalidad, mientras que, comparados con otros, resultan extrañamente encogidos.

A sus ojos el peor criminal es aquel que les recuerda la distancia que existe entre su cielo y su suelo. Entonces el furor empleado para lograr abatirlo no tiene límites. Pero el resultado de este sentimiento de inferioridad no solo es visible en las ruinas de su política y de su literatura; estos son campos de evidencia. Es también visible en la vida diaria, en este milagro de los cuerpos y de las mentes que es el amor al trabajo. Ahí, aquel que cumple bien con su tarea corre el mayor de los peligros: evidencia la mediocridad que lo rodea. En los tiempos difíciles será el primero en ser sacrificado; mientras que los hombres parecen detestar todo lo que puede recordarles su apocamiento.

Quizá este país es de los raros —acaso el único— en donde no se ama a la mujer arrolladora. La única pasión que he visto que despierte es el odio. El odio no excluye el deseo como autocastigo; un deseo perverso de humillarse y humillar: "Era la única manera de encontrarme arriba de ella", reconoció un hombre extrañamente veraz. En los demás casos, se busca la compañía de mujeres pequeñas, que resalten la estatura de sus compañeros.

Nosotros sabemos, en tierras mediterráneas, que es más placentera la mujer propietaria de una mente privilegiada y de una personalidad de excepción, que una mujer poco dotada aunque sea bella. La primera provoca en nosotros risa, interés, estímulo; nos divierte y nos gusta. La segunda provoca somnolencia, después de la satisfacción mecánica del deseo. Nuestro problema no es con la inteligencia de las mujeres sino con su voluntad; es decir, ¿al servicio de quién será puesta esa inteligencia? Si es al servicio nuestro: ¡enhorabuena!, que crezca para beneficio nuestro. Ni nuestra propia inteligencia ni nuestra personalidad serán puestas en entredicho por una comparación de la cual saldríamos ganando o perdiendo. ¿Acaso puede el amo compararse con su propiedad? Pertenecemos a mundos diferentes y lo mejor del suyo será la recompensa de nuestra excelencia. Hemos incluso creado escuelas para la formación de nuestras mujeres: las que sabían música, política, poesía y demás artes alcanzaban precios inauditos. Ninguno de estos conocimientos rebajaba el nivel de su sensualidad ni agredía la nuestra. Por lo contrario, nuestro placer surgió de ellas, mientras nuestras mujeres privadas se dedicaban a nuestra descendencia.

En México, sin embargo, el problema de los hombres surgía de la excelencia misma, no de la voluntad: cuando tanto el hombre como la mujer carecen de ésta, nadie puede pretender someter la voluntad del otro al servicio suyo. La animadversión de ambos por la inteligencia, transformada en un accidente de la carne triunfadora, el rechazo de la razón, pero ante todo ese raro sentimiento de apocamiento, castigaba la maravilla con el desprecio y el rechazo.

El sentimiento de inferioridad no se casa con la hombría. Como consecuencia, ésta es prácticamente inexistente en México. Machos por la evidencia de su sexo, son a la vez muy poco hombres por su irresponsabilidad, su ludicismo, su liviandad, su pereza y, ante todo, por su apocamiento. El león ruge porque cree que su rugido hace temblar los cimientos de la tierra. Pero los mexicanos no rugen: bajan la voz, usan sustantivos empequeñecidos; agachan el lenguaje, la mirada y el cuerpo; dan vueltas alrededor del campo de batalla; y solo logran triunfar, a veces, aprovechando la imprudencia de su adversario. Esta hombría que llena el mundo, que levanta hacia los cielos torres desafiantes, que sublima la angustia, que pretende la potencia de Dios, que carga con el peso de las mujeres y de los niños, que gana el precio del trabajo llamando a sus tareas "ganarse la vida"; esta prepotencia divina erigida en regla de conducta y que nos viene de los grandes predadores, parece inexistente aquí. En su lugar está la eterna infancia o la pequeñez o la inferioridad; es decir, la impotencia.

Hemos sido dioses. Ahora ya no lo somos más. Entonces somos hijos de dioses. Grandes por las realizaciones del pasado, grandes por la herencia y la memoria, grandes en la tragedia, grandes en la seguridad en nosotros mismos que oponemos al mundo, hemos sido conquistados por Roma y, poco después, reponiéndonos de nuestra derrota, asimilando sus lecciones, observando a nuestros vencedores y aprendiendo de ellos, les hemos dado emperadores. Este levante del sol, que es vía de paso de caravanas o soldados, podía haber sido nido de la gente más baja de la Tierra, y fue semillero de sabios, santos y reyes. Sus exiliados lograron alumbrar sus tierras de exilio; sus prisioneros se transformaron en tutores de los hijos de sus enemigos; sus hembras se casaron con sus plagiarios, se hicieron sus señoras y les dieron herederos. Hemos enseñado a los bárbaros la lectura y la escritura. Hemos dado a los generales que nos ocuparon nuevas religiones y nuevos dioses. Hemos transformado la derrota en victoria. ¿Quién podrá vencernos si llevamos en nosotros mismos la seguridad de nuestra grandeza? No necesitamos siquiera afirmarla: los hechos y la historia son prueba de ella. Pero aquí, algo se rompió en el alma de este pueblo; o, ¿acaso ya estaba roto desde hacía tiempo atrás? Quedaron despedazados, ¿cómo entonces recoger sus piernas, sus pechos y sus cuellos para darles mayor estatura? Su arte, su literatura, su vida se verificaban en los campos de la nimiedad, la miniatura, la intimidad de las cosas pequeñas, una cierta feminidad que me hizo preguntar al llegar a México: ¿quién es realmente grande? Cuando algunos de sus pintores ampliaron sus realizaciones hasta cubrir los muros, creyeron ver en ellos la grandeza que les faltaba. No era más que la monstruosidad que conocían con creces. Esta monstruosidad no les viene de la derrota, viene de tiempos anteriores a ella. Está presente en sus representaciones religiosas. Todos los pueblos del mundo han embellecido a sus dioses, les han tratado de dar figuras y rostros perfectos, salvo aquí: la divinidad era fea, monstruosa, temible, jamás parecida a ellos. No ha sido nunca la madre a la cual podían parecerse; no podían siquiera ser sus hijos; no podían amarla ni ser amados por ella; solo les mostraba el espejo de una crueldad conocida y prometida. El culto del horror se volvió referencia divina; había que temer; había que ser temido. No por la valentía o la fuerza obvia; aquéllas intimidan poco porque están desprovistas de toda impostura, no están rodeadas de ninguna de estas cuchillas que vuelven las cosas realmente temibles. El terror vendrá de la impostura: serpientes, dientes, deformidades; lo contrario de la aspiración a la armonía de los pueblos helénicos. La grandeza conoce su fuerza y trata de ponerle límites. Toda la civilización ha sido este lento aprendizaje de los límites y de la mesura. Los dioses, al igual que los hombres, se miden y se detienen. Pero la pequeñez no necesita detenerse. Lejos de los límites que no logra alcanzar, los ignora y los sobrepasa. La exageración es su regla. Los excesos de los niños son, lo sabemos, los más temibles. Sus exacciones se acercan a la demencia. Destruyen, roban, matan, hieren sin sentir necesidad alguna de limitarse; de decirse que hasta estas fronteras podrán llegar el daño y el mal, la venganza, la crueldad, la demencia, pero no más allá. Más allá está la destrucción de los países y de los hombres; y la incapacidad de volver a empezar la vida.

Lo posible, lo imposible, lo necesario

Los hombres definen lo real y su naturaleza bajo sus aspectos de imposible, de necesario y de posible. Es con la razón que se reconoce la necesidad, y la necesidad se interpreta según esta misma razón natural; y ella impone obligaciones. Pero entre los mexicanos, el problema de lo contingente y lo necesario no tenía lugar. Todas las cosas, todos los fenómenos son posibles, no necesarios. Tampoco tienen causa y, cuando ésta se busca, puede pasar indiferentemente de lo posible a lo necesario. La posibilidad no tiene nada de objetivo ni de inherente a la cosa. Las posibilidades de las cosas son las cosas *per se*. Además, tampoco existe lo absoluto, solo existe la posibilidad absoluta que sostiene que dos o más puedan existir a la vez. A esto se agrega un desarrollo de lo posible y de lo necesario, que los lleva a no ser ni imposibles ni innecesarios. La ciencia misma se volvería así una ciencia de lo posible o lo probable, no de lo necesario. Un principio limitador llevaría a construir necesarios particulares frente al necesario único. En esta construcción, lo necesario debe venir de la posibilidad.

Este país llega a la negación de la contingencia o a su contrario, que es la negación absoluta de la necesidad, negando así la naturaleza. Lo negro y lo blanco solo existen como accidentes. Lo posible no tiene más sustrato que lo imposible.

¿Cómo viven? La armonía sale de la realidad como una necesidad; es decir, que una necesidad de orden se identifica con la necesidad. Sabemos que lo que no es, solo es posible por la imaginación, pero la imaginación no basta. La búsqueda de lo posible se basa también en el empirismo, la experiencia sensible: ésta se refiere a las cosas posibles y lo que sostiene a la experiencia es la costumbre; de ahí la resistencia de ésta a los cambios. Los cambios en la costumbre son posibles a condición de no establecer una experiencia completa. Racionalmente, la costumbre no es necesidad. El flujo de la existencia se desarrolla natural y mecánicamente en paralelo con el proceso de la realidad, y si existe el determinismo absoluto de la realidad, los mexicanos están llevados a preguntarse: ¿para qué la necesidad? Así es como se niega la doctrina.

La gravedad del asunto es que niega también al tiempo: éste se vuelve una apariencia en una realidad inmutable. Solo así el futuro parece posible, no la relación necesaria de causa y efecto.

La serie de las causas no podía proceder hasta el infinito. Entonces se trata de excluir lo infinito, encontrar el límite de las cosas; de ahí surgen las indiferencias hacia el mundo, la moral, el pensamiento, el error. Si todo es posible en sí, no es la necesidad sino lo posible lo que se vuelve indiferente al ser.

Cuando la ciencia más elevada abrió las puertas de sus determinaciones, abandonó su rigidez y acogió a la mecánica cuántica, cuando descubrió que existe en el orden de la física una multitud de causas que hacen posible el caos, y los mexicanos encontraron en esta modestia científica los argumentos que avalan su forma de ser. La otra parte del enunciado, el hecho de que la física cuántica es tan rigurosa como la que más y que en el mismo caos existen elementos de orden, se pasó por alto y se ignoró. Así es como la ciencia se ha vuelto el cómplice del pueblo más anticientífico de la Tierra.

La naturaleza

Según la enseñanza clásica, las cosas existentes nacen de la mezcla de los elementos. Empezamos por entrar en contacto con el mundo externo, luego pasamos a las virtudes internas. Nuestros órganos corresponden a las fuerzas que nos conservan la vida y lo que ocupa el espíritu de cada quien es a la vez el resultado de esta vida y depende de uno mismo. El pivote para equilibrar esta balanza es la naturaleza. Ésta se asume gracias a su participación actora en el caos de la materia como un principio de orden.

En México, por lo contrario, ninguna ciencia, ninguna voluntad valen frente a la manifestación de los fenómenos. Observo a sus sabios: ninguno huye de las manifestaciones de la sociedad de los hombres; ninguno se protege del desorden; todos ofrecen de la realidad de los seres y las cosas que los rodean una concepción benigna. Aun cuando parten de la oposición, ésta se limita a las superestructuras, jamás alcanza los cimientos del mundo. Por ello es prácticamente imposible encontrar a un mexicano desesperado: aun para el más pesimista de ellos, la naturaleza es buena. De ahí el dualismo absoluto entre el espíritu y la materia, que hizo del maniqueísmo su única doctrina. Este maniqueísmo existe, por supuesto, en otras partes, salvo que aquí, de los tres principios de la naturaleza —el tiempo, el espacio y la materia—, solo quedó la materia. Es por esta incapacidad que sus mejores sabios no dejaron gloria y se quedaron solamente con el renombre. Su emanación primera no fue el intelecto; la materia era la manifestación fundamental de su energía; sus tendencias naturales, sus aptitudes definitivas se fueron asimilando a la materia. Aquello que era su potencia, era al mismo tiempo su límite. Como las cosas, su existencia era accidental, incluso en relación con ellos mismos y con su civilización. Con el concepto de duración, el accidente de la naturaleza se desvanece; ésta se reduce a sus límites. Si no se imponen estos límites solo queda el accidente, y la realidad de los hombres se desvanece en la niebla de la apariencia. De la realidad de los hombres solo queda la posibilidad: aun la necesidad en un sentido relativo deja de tener coherencia alguna.

Afirmar la naturaleza tal cual no deja reposo ni puerta abierta para la trascendencia, ni verdaderas diferencias entre los individuos libres, ni voluntad de libertad. Aquí lo múltiple es natural, no voluntario. La diferencia es lo que constituye la naturaleza, y ésta engendra la oposición entre los diferentes. Esto corresponde a la afirmación de la libertad de la naturaleza, no la de los hombres. El mundo que hicimos no sería, surge más bien como una consecuencia mecánica. Aquel todo poderío de la materia es a la vez su negación; porque no es posible explicar la acción de la materia sobre la materia por medio de la materia. Al afirmar el señorío de la naturaleza, la niegan como principio. El principio y la naturaleza externa se explican aquí por los medios naturales, como la intuición. Esta es la adaptación del instrumento que acaba por constituir una forma de conocimiento. Pero este instrumento es débil, susceptible de verdad y de falsedad, y depende en gran parte de la naturaleza de los campos en los cuales el método sea utilizado. El principio de vida se vuelve principio único. Se establece una suerte de inquisición que pertenece a la espontaneidad del sentimiento; una aptitud particular del alma humana a abandonarse frente a las leyes ineluctables de la vida, a la cual solo pertenecen las cosas que le da la naturaleza. El resultado de esto sería el nominalismo externo.

Me he preguntado, al observar nuestras oposiciones, si existe más allá de la naturaleza un principio que constituya su negación. ¿Acaso existe un elemento que se llama naturaleza al lado de un elemento que sería su contrario?

La realidad

Nosotros sabemos que existe una realidad formal única sin la cual el conocimiento sería imposible. Esta realidad fundamental inefable, que establece una distinción grandiosa en la vida, es la pureza del acto, fuera de la cual no es posible buscar. Ésta se determina en la realidad del mundo y se desarrolla según su propia naturaleza en los seres racionales, por un principio de libertad connatural y un concepto de voluntad, necesarios para poder conciliar poder y justicia. El espíritu de organización y de disciplina, el espíritu voluntarioso, fue puesto a disposición de la realidad, permitiendo así al hombre crear su realidad a través de la acción que cumple. Así la realidad no se determina sino se renueva.

Aquí hay una disposición orgánica de la realidad que deslumbra. Lo que procede de la realidad sería un bien mayor que aquel que representa el orden y la justicia. Es así como el mal tendría su causa no en la voluntad malévola sino en la raíz del mundo.

Esta realidad abstracta es el mecanismo opuesto a la voluntad, a la vez que excluye la inteligencia. La realidad atomizada se vuelve una pura posibilidad y una apariencia. El sujeto es indeterminado. No hay principio de realidad. La naturaleza de lo irracional, de lo sin causa, se manifiesta como nunca en la historia. La realidad así distribuida hace que lo menos noble obtuviera los mayores privilegios. De hecho, los mexicanos consideran como accidente la realidad en su integridad: ésta no se verifica en ningún lado. De la yuxtaposición habitual de los objetos en el mundo, piensan que ésta podría prolongarse en una realidad yuxtapuesta que no está demostrada. De lo que constituye la realidad, el efecto de los efectos, no conocen más que a ellos mismos. No conocen las cosas. Su conocimiento no es parecido al conocimiento humano. Conocen los fenómenos pero solo después de que estos se hayan manifestado: por ello se vuelven extraños a su manifestación. Aquello no les da el derecho de estancia en la antología de la realidad del mundo. Ésta aparece como un drama. La economía de lo real puede quedar destruida por este proceso. No pueden hacer que lo que ha sido no sea, ni que los bienes fueran dados en mayor cantidad. Saliendo de ellos mismos para actuar afuera, no pueden operar en el mundo por dos causas: la primera es la impreparación de la materia, lo que se resuelve por una oposición, ya que los contrastes son predispuestos; la otra es el impedimento que constituyen las influencias. Entonces, ¿cómo debatir con argumentos válidos esta realidad absoluta, esta absoluta necesidad que es la Verdad, y que se opone a la realidad contingente y múltiple que se considera precisamente como la flexibilidad mexicana? Aquello se llama generalmente la no-verdad de los demás. Cuando tuvieron que hacer acuerdos comerciales con el mundo —esto es, intercambio de objetos y de servicios reales— la que se resiente como la no-verdad de los demás agredió su mundo, y los acuerdos fallaron porque la percepción de la realidad no era la misma en uno y otro campo. He pensado, he esperado, que el contacto con la necesidad del mundo podría llevarles a su conocimiento, pero las cosas no ocurrieron así; la capa arcaica, profunda, solidificada, que da sustento a su ser, resistió y rechazó la realidad del mundo, y era ligero e iluso de mi parte pensar que un contrato comercial podría más que las honduras de la historia. Su verdad no era la verdad del mundo. Y si se les pregunta ¿cuál es su verdad?, pasan de inmediato a la demostración de que ésta, y otras, no existen, solo existe la multitud de los hechos o criterios que bien podrían llamarse realidades o verdades, o no llevar nombre alguno.

La verdad

Allá en Megalópolis, en Arcadia, donde nací, mi padre Lycortas me enseñó que no hay nada que no pueda ser resuelto cuando alguien se aplica en su búsqueda de buena fe. Es con esta seguridad y este precepto que emprendí mi propia búsqueda de la verdad. Así fue como traté de participar permanentemente en ella y, haciéndolo, accedí a la clasificación de los intelectos. La experiencia me ha mostrado que existen entre los hombres grados diversos de aptitudes para percibir la verdad. A veces animal racional, a veces irracional; a veces alma del mundo, alma racional, a menudo alma irracional, la nobleza surgía en cada individuo de especie diversa y se ocultaba, cazando la verdad o volteándose con indiferencia en su vecindad. Existía una nobleza por grados, y una entre grado y grado que permitía al hombre pretender a esta elevada virtud y le daba a veces la capacidad de definirla. Además de su propia materia, en el hombre está su circunstancia: las cosas del mundo, al igual que su modo de ser, podían llevarlo a una conclusión a veces exacta y otras falsa. Además de aquellas dos condiciones, está el método aprendido, en el cual puede confiar para alcanzar sus conclusiones. Sé que para todo ello hay que hurgar en las causas próximas y lejanas de las apariencias y distinguir los efectos de las causas, de los puros accidentes. Sé también que, a pesar de los cuidados, los hombres a menudo se engañan con falsos filósofos y falsos profetas. Este asunto de la verdad es sin duda uno de los más ásperos y difíciles que pueda presentarse a mente alguna. Un día, viajando por el Oriente, escuché a un místico hindú de las Upanishads decretar: "Cuando llegues a conocer la Verdad, la conocerás tanto a ella como a su contrario. Cuando llegues a conocer la falsedad, solo a ésta conocerás".

Esta modestia, este cuidado, esta duda tan humana y tan cercana a mi ser no me impedía, sin embargo, asegurar que podía llegar a unas conclusiones ciertas. No había duda alguna en las leyes del cielo.

La matemática y la física escapaban a la opinión y a la discordia. Existen hechos indiscutibles, y bienes y males y cosas del mundo y modos de los hombres que no podían ni debían ser sujetos relativos, sino verdades absolutas.

Llegando a México encontré que sus habitantes no compartían esta disposición del espíritu universal. Pueblo selene, retraído de la humanidad terráquea, tenía como principio que la verdad no era particular. Así, el pensamiento mexicano se había quedado con la primera parte de la oración hinduista; sin la segunda, luego amplió su concepto a todo enunciado de sabiduría. La pseudoUpanishad mexicana diría: "Cuando llegues a conocer la Verdad, la conocerás tanto a ella como a su contrario. Cuando llegues a conocer la falsedad, la conocerás tanto a ella como a su contrario". Entonces, ¿por qué una dirección y no otra? ¿Por qué este hecho y no aquel? ¿Por qué defender la vida y no matar? ¿Por qué no robar? ¿Por qué no mentir? ¿Quién es la autoridad en la decisión de la verdad de cada cosa? ¿Cuál es el bien? ¿Cuál es el mal? ¿Cuál el engaño?

Todo el decálogo estaba negado, así como la obra de refinamiento de los hombres. La verdad ni siquiera podía deducirse de la experiencia. La sola dialéctica podía servir de instrumento para decidir sobre el criterio de verdad.

Nosotros sabemos que la dialéctica ha pacificado a los hombres y les ha enseñado el arte de discutir a pesar de sus diferencias. Pero también sabemos que la dialéctica es la corrupción de la demostración y el rebajamiento de la prueba. Los hombres políticos la usan para mediar entre las opiniones diversas, pero no recurren a ella ni los sabios ni los hombres de la ciencia. Si contra cualquier verdad existiese una verdad adversa, nada quedaría de la integridad del espíritu ni de la realidad del mundo. Yo estaba dispuesto a ceder frente a las contradicciones del espíritu, pero no sobre la realidad de los hechos. La polémica no podía ganarle a la experiencia. Las palabras no podían probar que lo que es no es. Sin embargo, aquella condición básica de la cordura está negada en México. Aquí, la experiencia atestigua solamente sobre las concomitancias. Los hechos, las acciones, los objetos, lo visible y lo audible están negados. No se pueden encontrar causas a los problemas que se presentan, ya que estos bien pueden dejar de ser problemas gracias al convencimiento dialéctico. Lo que es no es. Lo inexistente, existe. Todo es finalmente indiferente. Una serie infinita de causas se vuelven argumentos y se vuelven negación de las causas. De la costumbre se deduce la probabilidad y no la certidumbre de los hechos concretos. Lo concreto mismo se vuelve abstracto. La mentira es verdad y la verdad mentira. La muerte es vida; la agresión es amistad; lo recto es torcido; la reciedumbre es cobardía y la cobardía hombría. ¿Cómo harían para distinguir la sustancia del accidente, el hombre de la mujer, el niño del adulto, el cielo del infierno, el bien del mal? Las excepciones en el curso natural de las cosas demostrarían que éstas no son excepciones; la inferencia que no merece racionalmente ninguna atención la solicita toda. La atención la solicitan una multitud de objetos grandes o pequeños, indiferentes e iguales. Así es como se logra destruir el valor gnoseológico de la percepción, y la verdad no podría entonces ser distinta del error. Si el que decide el valor de las cosas y el criterio de verdad es el intelecto humano, basta con convencer y convencerse de la incompetencia de éste para destruir la pretensión de verdad.

Con esta actitud, los mexicanos hacen suya la tesis más atrevida del escepticismo, y la llevan hasta sus últimas consecuencias. Su gusto por la magia —prácticas medicinales, estilo literario, pictórico, etcétera— no es lúdico. No juegan a inventar el mundo: el mundo real no existe, en su lugar instalan su opuesto. No hay imaginación agregada a la grisura de la vida para darle a ésta color y brillo. Se destruye la vida y en su lugar se instalan color y brillo.

Durante los primeros tiempos de mi reflexión sobre este país, pensé que aquella disposición del espíritu que encontraba solo podía ser el atributo de algunos hombres particularmente perversos, enfermos quizá, faltos de educación, carentes de las dádivas esenciales de la vida; unos hombres detenidos en la frontera que separa la cordura de la demencia y que no saben distinguir lo real de lo irreal. Los veía activarse, gastar tiempo y energía en tratar de convencerme de lo contrario del color del cielo y de los hechos de la Tierra. Los hechos, los daños, los objetos, estaban aquí, evidentes, a mi vista y a la suya y, sin embargo, pretendían ser lo opuesto de lo que eran. Habían robado, y el robo se pretendía préstamo: "Tenemos la intención de devolver lo prestado", aseguraban. No importaba el hecho de que el supuesto prestamista jamás se enterase de su préstamo, ni que la afirmación respecto de la rectitud de las intenciones se hubiera dado solo hasta el momento que siguió al descubrimiento del robo: la insistente afirmación seguía. No había mala fe. No había daño. No había responsable del mal.

He visto que golpeaban coches mientras estaban parados, y que los investigadores venían y preguntaban al propietario del coche dañado: ¿a qué velocidad iba? —a ninguna—; e insistían: ¿a qué velocidad iba *antes* de detenerse?

He visto la mala fe, la mentira, la imaginación desatada frente al dolor, la desesperanza, la impotencia de los agraviados. ¿Será ésta la perversidad solamente de unos? ¿Una particularidad de algunos frutos podridos en una sociedad sana? Por desgracia, no es el caso. Al cabo de tanto pasear y vivir en este pedazo del mundo, al cabo de tantas experiencias, he tenido que llegar a la conclusión de los científicos: después de miles y miles de pruebas, una conclusión se impone a pesar de la existencia de algunas excepciones: es la totalidad de la sociedad mexicana la que no reconoce, niega, se siente agredida, huye de la verdad, y pretende que es verdad su contrario. Solo que aquí ni siquiera existe el sentimiento profundo de la mala fe y de la mentira en aquellos que la practican: están profundamente convencidos de la bondad de sus razones. No solo es opinión lo que cabe dentro de la práctica de las opiniones; es también opinión el color del cielo, la solidez de la roca, la rigidez del muerto, la respiración del vivo, el sufrimiento de los agraviados, el dolor de los dolidos. Este dolor y este agravio no los determina aquel que sufre, sino aquel que es responsable del sufrimiento; él es quien dice si éste existe y si es válido. Y volvemos, por supuesto, al terrible problema de la justicia, salvo que aquí la falta de justicia es producto de la falta de verdad, y que ésta es una característica generalizada en toda la nación. No reconocen, no ven, no aceptan las diferentes verdades ni la Verdad mayor del bien y del mal; no las sienten siquiera. Viven fuera de ellas y en contra de ellas desde hace tanto tiempo que aquella actitud se ha vuelto, en ellos, naturalidad. Esta disposición del espíritu, que nos viene de los más lejanos tiempos, aquellos que marcaron nuestro paso desde la animalidad hasta la hominidad, que no necesita justificación ni explicación, que permite decir que lo que es, es, y lo que no es, no puede, de manera alguna, afirmarse, esta disposición del espíritu parece ausente aquí. ¿Pueblo en delirio? ¿Pueblo demente? ¿Pueblo ausente de la lógica del mundo? ¿Pueblo retraído de las verdades originarias? ¿Pueblo sustraído del acuerdo universal? Solo sé que aquel que no bebe de este río de locura pronto verá su vida transformada en una pesadilla. Tendrá que sumarse, o irse; dimitir de las bases esenciales de su cordura, la integridad de su espíritu, y aceptar la destrucción de todo lo que ha permitido su andar erguido en el oficio de vivir, o morirse. Aquello no es asunto de represión política; no es asunto del poder infame de algunos pocos sobre los muchos que a veces resisten y a veces se rinden. Aquello es una falla esencial en la hechura de esta parte de la humanidad. Temo a mis conclusiones. No amo lo que digo. Algo en mí se rebela contra esto que parece una condena. Pero he querido, en esta pequeña obra, liberarme; decir lo que durante años no he podido y querido decir; lo que yo mismo he reprimido en mi alma. Y lo que escribo no me agrada.

Pero, a pesar de su renuencia, están en este mundo. Poco más o menos, cobijados por la pretensión y las máscaras diversas, están en medio de lo que el mundo considera como indiscutible. Estos vientos de verdad única penetran en las alturas y crean una necesidad. Y si la verdad existe, y si la razón individual no es suficiente para evitar los errores, entonces un amo es necesario. ¿Será ésta la explicación de su larga historia de autoritarismo? ¿Y acaso habrá manera, sin cambiar profundamente su modo de ser, de administrarlos sin este autoritarismo? ¿Cómo evitar el error o, cuando menos, aminorarlo? ¿Cómo comprender el error?

El error

El fundamento de la certidumbre es una cuestión llena de dudas. En sí, las cosas se oponen entre ellas. Sin embargo, hemos afirmado con resolución la obligación de buscar la certidumbre; en lugar de abandonarnos ciegamente a la simple creencia, que no constituye ninguna certidumbre. Las causas del error están contenidas en la falla inscrita en la naturaleza humana, y la madre del error es la opinión, pero tiene mucha descendencia. Aun el arte cae en este error. Aquí cabe la buena fe, que interviene cuando al error lo acompaña una rectitud de intención. Aquello es perdonable, ya que hasta el mismo diablo tiene derecho al arrepentimiento. Pero existen ciudades que nacieron de las exigencias de la naturaleza material y de la opinión. Ahí caben el error y la evaluación inadecuada de su ser en las que caen los hombres. La gente yerra porque no tiene una noción precisa de lo que es humano. Se equivoca jubilosa o cae en el extremo escepticismo, destructor de la ciencia y de la vida social. En México, no existe el reconocimiento de la causa del efecto; todos los estados son intermediarios, indistintos e indiferentes, así que bien pueden ser falsos o absurdos. Los equívocos se acumulan sin reconocerse como equívocos, y la imaginación rueda sin límites. Más allá de lo real posible solo está el arbitrario imaginario de unos hombres que piensan que lo que no es bien podría ser; y es siempre del lado de este arbitrario que ocurren los errores. ¿Cómo podría haber proporciones si todo no es más que la afirmación de la fantasía? Las tesis fundadas en la extravagancia pueden hacer que lo imposible o lo absurdo sean lógicos, dando nacimiento a los errores, las injusticias, las infidelidades, y sus actores: el mentiroso, el injusto y el infiel. En México vive un pueblo creador de tinieblas, no de luz, capaz de dar un valor universal a una proposición que no tiene más que un valor artificial, que considera como concluyentes unas aserciones que no lo son. Así, ¿cómo no iban a ser erróneas sus conclusiones?

Con el paso del tiempo algunos empezaron a percibir la síntesis de las notas discordantes, pero el sistema seguía siendo completo y coherente consigo mismo: se negaban sus contradicciones. ¿Acaso existían? Su éxito era incondicional. ¿Acaso podría ser temporal? Solo quedaba el velo de una duda: el motor podría pararse en algún momento.

La moral

Al llegar a estas tierras, por mi edad y por haber dejado, desde hacía tiempo, de preocuparme por la simpatía que podían provocar mis opiniones, sabía que la virtud no pertenecía de igual manera a todos los seres. En mi juventud hubiera cuidado esta afirmación por temor a ser tachado de injusto con algunas naciones. Hoy, ya no tengo más a quién cuidar, y sé, por experiencia, que existen pueblos decadentes, o, cuando menos, infinitamente menos morales que otros. De manera general, las bestias no tienen modo alguno de encontrar la forma sensible de la moral, mientras que los hombres logran encontrar su forma inteligible en el contacto recíproco; o sin él, en la reflexión. Quiero decir que los hombres son morales por cálculo; eso es: por eficacia, y también por gratuidad. Estoy hablando de la bondad pura, la que existe por sí misma, no por el otro.

El principio de necesidad, que es la bondad absoluta, es de naturaleza perfectamente aristotélica, más racional que sentimental, y una forma indefectible de la realidad. Los hombres son morales por necesidad, para hacer la vida más llevadera entre ellos, para que alguna lógica rigiera sus relaciones, que es la lógica del beneficio mutuo o del daño impedido o aminorado, para tratar de alejarse lo más posible del estado salvaje de las bestias de la selva. Eso no quiere decir que cada acción moral necesite de una reflexión utilitaria, simplemente la dinámica de la vida en sociedad impone de manera casi natural una preocupación moral, para que el daño hecho a quien sea no degenere en un daño mayor para el conjunto de la sociedad y para uno mismo. Aquella lógica utilitaria natural en los demás pueblos, no lo es en México, y creo saber por qué.

Existe una falla en la estructura de este pueblo, que no ha sido resuelta a pesar del paso de los siglos: no tiene el sentido de la noción de humanidad; aquella que englobaría todas las formas de la especie humana, sin distinción de razas o civilizaciones. Esta conquista ha sido lograda por nosotros, los griegos, cuando Homero decidió contar los hechos de los troyanos y de los aqueos por igual; exaltar la gloria de Héctor y la grandeza de Aquiles. Esta imparcialidad homérica, esta "verdad de los hechos", es la verdadera partera de nuestra civilización occidental. Más tarde, a unas millas de distancia, nació el monoteísmo, que permitió ver al hombre como similar e igual a cualquier otro hombre, a pesar de la diversidad de las tradiciones históricas que cada quien carga consigo mismo. Al afirmar que todos los hombres descienden de una pareja original, el monoteísmo afirmó la unidad del género; la idea de humanidad se ha vuelto sentimiento de humanidad, ruptura de los claustros, compasión sin fronteras. Y hemos logrado insertar estas ideas precarias, de carácter eminentemente perecedero, en nuestra aventura positiva. Si el hombre no se hubiera encontrado frente a frente con su similar a pesar de su alteridad, el temor, la esperanza y la bondad se hubieran borrado en él; desaparecerían el sentido de lo útil y el sentido moral, el bien y el mal; no quedaría más que la relatividad de cada cosa en relación con cada quien; y esto no es el individualismo de la modernidad, sino la barbarie de la prehistoria.

Este pueblo jamás ha sido monoteísta. El cristianismo ha sido sumado a la cosecha pagana, y la aventura homérica tampoco ha alcanzado estas tierras. La crueldad con la cual se tratan los unos a los otros recuerda una de las razones esenciales de su derrota ante los españoles: aquellos que alimentaban a sus hermanos de raza para luego sacrificarlos como animales, no podían esperar de esos mismos hermanos ni lealtad ni solidaridad. El griterío frente a la crueldad extranjera no logra enmascarar la propia, superior en grados y en intensidad: difícilmente puede alguien, desde fuera, ser más injusto con ellos que ellos mismos. La noción de humanidad compartida no solo se ignora en relación con los pueblos extraños, sino entre ellos: "El hombre verdadero —no el humano— soy yo: el otro es mi ganado, puesto aquí para que usara de él a mi antojo".

Es por esta falla, y esta razón, que la idea de la relatividad de cada cosa ha sido tan bien acogida en estas latitudes. El rigor de la verdad única les era insoportable, así como las ideas del bien y del mal únicos. La aceptación de la relatividad de las cosas les quedaba bien: eran lo relativo por excelencia, no solo en relación con las demás naciones y civilizaciones, sino en relación a cada quien con cada quien: no existe ninguna verdad, ningún bien, ningún mal; existen verdades, bienes y males según el número infinito de las personas que nacen y viven en la finitud de su espacio y de su tiempo. Ni el beneficio de la nación, ni el beneficio de la especie contaban para algo; el largo plazo estaba borrado: solo quedaba el logro inmediato en la esfera personal. Solo así se podrá entender la propensión de los mexicanos a traicionar a su patria, destruir su economía, dañar a sus compatriotas, desangrar las finanzas de su país, envenenar a sus aldeanos y no acabar de ser, a finales de este siglo xx, una nación coherente y unida, cuando los demás pueblos ya han construido la suya, la han visto crecer y envejecer, y están buscando una nueva alternativa a esta organización humana que ha completado su ciclo.

A lo largo de la historia jamás ha habido distinción entre moral y derecho: éste no es más que la transcripción de la necesidad moral del bien del conjunto social. Pero, ¿cómo esperar que la cuestión jurídica sea resuelta cuando la cuestión moral no lo es? Y, ¿cómo esperar que el problema moral sea resuelto cuando el mal ni siquiera se percibe como problema?

Muchos pueblos no han desarrollado una filosofía moral elaborada. Los griegos lo hemos hecho. Los judíos lo han hecho. No así los árabes, pero estos han logrado desarrollar una práctica jurídica que ponía a salvo su sociedad y le garantizaba su eficacia. Algo se hacía o no se hacía no porque fuera bueno o malo, sino porque fuera conforme o no a la ley. Aquello logró ordenar la práctica social, si bien no ha logrado generar una reflexión profunda sobre la humanidad de los hombres. Pero aquí, en México, ni la jurisprudencia ni la moral son hijas naturales de la sociedad. No conozco texto alguno que participe, con profundidad, de las discusiones descorazonadoras que tenemos en el viejo mundo. Después de una ligera ola de optimismo, nacida del cientificismo progresista del siglo XIX, la humanidad ha vuelto a caer en el incurable problema de este principio autónomo que es el mal; y mientras que nosotros volvemos a descubrir que éste se encuentra tanto en la naturaleza como en la voluntad de los hombres, en México aún existen voces que achacan el mal a la injusticia social, como aquellas ideologías primarias que florecieron en los años sesenta y setenta de este siglo. Esta evaluación simple consiste en decir: todo lo que ocurre aquí es reacción a una decisión y a una determinación, y los males no son más que una consecuencia de las cosas; pero no es así. Hoy, aun los poco sabios y los niños crecidos saben que existe una serie de elementos complejos y asaz misteriosos. El juego de la mezcla de esos elementos y la distribución de esas fuerzas, actúan en la generación de los hombres y en la corrupción de las sociedades. Esto es producto de la naturaleza e hijo de las relaciones, y poco importan el tipo de gobierno o la estructura social que cobijan a los hombres; o acaso sí importan, en la medida en que ni la rienda suelta a la naturaleza ni la promoción de las relaciones, son garantías para el bien, sino, por lo contrario, madres de males mayores. Es por ello que las sociedades totalitarias que organizan hasta la minucia las relaciones humanas, son sociedades sumamente perversas, y es por ello que las sociedades con pretensiones naturales resultan un infierno y un cementerio para las minorías y los débiles.

Ninguna de estas reflexiones tiene cabida en México. El asunto no es suyo. Como no ha sido suya la discusión sobre la ética. He creído que existían campos como éste donde el sistema de las virtudes aristotélicas ha encontrado una acogida universal. No había motivos para crear un obstáculo a la recepción de estas reglas. Lo mismo que sucedía en la física debía suceder con la ética. Sé, por supuesto, de tiempos y lugares donde la moral independiente ha sido perseguida y reprimida por causa de su misma independencia, pero se trataba de una perversidad ubicable, definible, diagnosticable. No es el caso aquí. En México, si reina el mayor libertinaje es porque las formalidades de la moral no parecen necesarias. Las reglas morales no constituyen el acuerdo de la vida empírica con el principio de orden: estamos frente a una estructura intelectual que ignora los límites; esto es: unas ideas sin ningún escrúpulo. Y la causa de estos fenómenos es justamente la invasión de los criterios, no su ausencia. No existe un autor del bien y del mal: estos están sueltos en el aire y nadie es responsable de ellos. Es más, nadie tendría la capacidad de definirlos y designarlos; ¿cuál sería la autoridad que le permitiría hacerlo?, ¿en nombre de qué?, ¿quién lo escucharía?

A menudo me he preguntado, dolorosamente, ¿cuáles y cuántos eran los accidentes que habían pasado sobre esta tierra para lograr la corrupción de la virtud? Muchos pueblos —casi todos— han sido conquistados en algún momento de su historia. Muchos han sufrido en su carne y espíritu la injusticia foránea; muchos han sido humillados, dominados, robados: la historia, este pozo de resentimientos, habla de ello con elocuencia; pero pocos se han degradado en su autoestima y en su esencia a tal nivel. ¿Acaso existen pueblos cuya decadencia haya llegado a tal punto que pudiera impedir su levantamiento? Éste, quizá, lo sea, y ruego al cielo que no me dé la razón. Cuando un pueblo se vuelve incapaz de distinguir el bien del mal; cuando sus pensadores se dan como tarea el teorizar esta incapacidad y transformarla en un particularismo justificable y defendible; cuando el retraerse del acuerdo ético universal se vuelve una razón de ser y un orgullo, entonces poco queda por salvar de la esencia de este pueblo.

Se dirá que las virtudes de la educación pero, en este caso, ¿quiénes serán los educadores?, y ¿acaso podrían sustraerse de la atmósfera general de corrupción que reina en las calles, las casas y el espíritu de cada quien? ¿De qué mundo extraño hablarán; a cuáles alumnos para implantar qué proyecto de vida que no correspondería a nada que hubiesen vislumbrado en su pasado o en su presente? Cualquier orden que promueva la moral funcionaría de manera mucho menos eficiente que la corrupción que la precedió. Cualquier corrupto se reconocería más en el espejo de su país que el más puro de los hombres íntegros. Cualquier dirigencia que se parezca a su pueblo —esto es: un liderazgo amoral para un pueblo amoral—, tendría más aceptación y podría trabajar mejor que el extraterrestre que viniese levantando la espada del bien sobre unos cuellos que, en otras partes, habrían sido cortados desde hace mucho tiempo, en el nombre de la justicia, hija de la moral, ambas hijas del orden que permite la sobrevivencia de la sociedad de los hombres.

La justicia

¿Cómo explicar la justicia? Su concepto es intuitivamente accesible al ser racional. Partimos entonces de la razón, le agregamos la prudencia, desembocamos en la justicia y sabemos que este trinomio forma la abundancia del derecho. De la misma manera que la recompensa es un acto de misericordia, la obra de justicia es un acto de voluntad. Hemos discutido en nuestras repúblicas sobre la suerte de aquel que se ha creído y pensado fiel a la ley sin merecer ni pago ni recompensa. Hemos dicho: el acto de justicia es absolutamente gratuito; no pasa por el temor ni por la codicia, sino que equivale a decir que el individuo va hacia el orden universal con pie firme, y esto es el derecho. Hemos recordado que esta concepción del derecho era el presupuesto natural para todo sujeto de una sociedad constituida, en la cual la perfección individual se sirve de todos los demás sujetos como órganos propios y al revés. Así es como se logró crear y construir el orden social de la República. Por ello, definimos la justicia no como un equilibrio de las fuerzas, ni como un equilibrio del temor, fenómeno doloroso y esencialmente inestable de la realidad, sino como algo mucho más elevado: la racionalización de las fuerzas y el triunfo de la voluntad humana sobre el instinto. A pesar de sus rasgos autoritarios, el derecho no es una orden: es una necesidad, un criterio de utilidad pública para el interés colectivo; un principio de conservación de las sociedades que se pretenden civilizadas.

Cargando con estas ideas, es como puse pie en México. No me tomó mucho tiempo darme cuenta de que la abundancia del derecho no existía, como tampoco su estado mínimo. Existían leyes adelantadas, elaboradas por hombres de visión y de sabiduría, para un país diferente del suyo. Parecían hechas para la mejor de las naciones. Hombres de bien soñaron, hace medio siglo o más, con dar a su patria un conjunto de reglas de comportamiento, que, observadas fríamente y comparadas con aquellas que rigen su norte y su sur, se sitúan por delante de todo su continente. No solo quedaron como letra muerta, sino que sirvieron para lo opuesto de su propósito: manipuladas, sitiadas, deformadas, estas reglas fueron el abono con el cual creció la impunidad de un pueblo reacio a la ley y la perversidad de unas dirigencias delincuentes. Me he preguntado, ¿qué ha pasado aquí? Todos los pueblos son, de alguna manera, reacios a la ley. Todos los pueblos han tenido, en algunos momentos de su historia, dirigencias delincuentes. Pero el reino del derecho ha triunfado finalmente, y las instituciones están aquí para cuidar de su permanencia entre altas y bajas, en una lucha continua contra la animalidad y el caos. En algún momento, aun los pueblos más bárbaros reconocen la existencia de un ente que se encuentra por encima de los hombres y de las circunstancias y que se llama derecho. Esto ocurrió más o menos hace cuatro mil años. Pero no ha ocurrido aquí. Y mientras que los demás pueblos pasaban del temor frente al ente religioso, al respeto hacia la ley civil; mientras que ocurría la transformación del terror religioso en un refinamiento ciudadano, este pueblo parece haberse quedado fuera de toda dinámica histórica: ni el temor a Dios, ni el respeto a la ley de los hombres parecen tener cabida en sus acciones. ¿Qué ha pasado aquí para impedir una de las más elevadas transformaciones de la hominización? Del trinomio que he citado arriba, y que crea la abundancia del derecho, dos de los elementos no se han tomado en cuenta o, acaso, son inexistentes: la razón y la justicia. Pero está el tercero: la prudencia. Este pueblo es sumamente prudente; quizá lo sea incluso más que todos aquellos que he conocido. A menudo, esta prudencia se asemeja al temor. Este pueblo teme sin cesar; sus valentonadas jamás —o casi— alcanzan la valentía. Es como si la amenaza de un mal mayor estuviera suspendida por encima de sus cabezas. Con esta característica, la prudencia, se podría hacer una civilización de gran finura, alejada de la violencia de los arrebatos, si solamente se uniese a ella la grandeza de la razón y la nobleza de la justicia. Pero éste no ha sido el caso. La prudencia se ha quedado en temor, no de un ser supremo y de una condena eterna: contrariamente a los pueblos de Oriente, que no aceptan los límites estrechos de una vida y la multiplican hasta el infinito con el recurso de las reencarnaciones, los mexicanos, el pueblo más finito de la Tierra, sacralizan el momento de su cotidianidad y solo temen al poder temporal inmediato que podría dañar su gozo. Ni el infierno, ni siquiera el mañana oscuro parecen tener presencia en sus espíritus. Esta incapacidad de su mente para vislumbrar el futuro parece ser un defecto de la materia, no de la educación. No temen más allá de lo que puede pasarles ahora, pero tampoco esperan más allá de lo que pueden obtener en el instante. Frente a esta estructura, cualquier sistema religioso, cualquier derecho civil están condenados a fracasar. El largo plazo no existe ni para el bien ni para el mal. Una vida de sacrificio para obtener el cielo o el bienestar de las generaciones futuras, o el bienestar propio al final de la vida, no tienen sentido alguno. El cuidado puesto en las acciones para impedir que éstas lleven a la condena eterna, o a la condena sobre la tierra, o la angustia del mañana desamparado, tampoco tienen sentido. Puede más la violencia de un hombre brutal y poderoso que la ley de Dios y la ley de los hombres.

Esta incapacidad para imaginar el futuro me aterra: es un rasgo de animalidad, acaso el más evidente de todos. He amado a las criaturas inferiores y las he frecuentado. He observado cómo se sitúan en el tiempo, el ahora sin pasado ni futuro. Esta incapacidad de la razón es la causa primera de la imposibilidad de la justicia como de la misericordia. Aquí, la contradicción no es entre la religión y la República: ambas están derrotadas. Es entre la práctica de animalidad y la ley de humanidad. Y, sin embargo, reconozco en ellos unos rasgos superiores en este campo: si la justicia empieza por el temor y acaba por la gratuidad; si los hombres empiezan a respetar la ley para alejar su castigo y acaban por respetarla sin esperar ni precio ni recompensa, entonces los mexicanos se sitúan en el nivel más alto del orden universal: capaces de gratuidad más que pueblo alguno, harán las cosas no por el valor de las cosas, sino por su estética. Estas serían civilización y finura, salvo que la relación entre la gratuidad y la fidelidad a la ley no procede: existe la gratuidad, no el derecho.

Estos individuos no se dirigen hacia el orden universal que promueve la justicia, porque no reconocen este orden universal y se sitúan fuera de él. Este acto de voluntad que procede del derecho, que busca la creación de una sociedad vivible y de una vida propia armoniosa, queda anulado con la negación de la universalidad. Tampoco existen como individuos elaborados que sirven al conjunto y se sirven de él, como si fueran todos un mismo cuerpo. La perfección utópica está lejos de verificarse en la sociedad mexicana: aquí, unos utilizan a otros y todos se usan mutuamente por medio del engaño, el poder y la fuerza, pero jamás en beneficio del conjunto social. ¿Cómo entonces ha podido subsistir un equilibrio tan precario? Ha subsistido gracias a la negociación constante, y esta negociación trata casi únicamente de las relaciones, no de los objetos ni de los intereses.

Me ha sorprendido sobremanera constatar que, en esta sociedad, no funciona la lógica del interés. Si bien existen los mismos refranes que en otras partes en relación con el interés y la codicia, que logran cambiar las actitudes del hombre, aquí, contrariamente a lo que se afirma, con dinero no baila el perro. Esta sociedad está, en términos generales, lejos de la mecánica clásica de la codicia humana. Temo comprender por qué. Aquello no se emparenta, ni de muy lejos, con la nobleza filantrópica ni con las alturas cristianas. Se emparenta con ese estado que precedió a la hominización. Los animales concluyen sin cesar, entre sí, unos contratos puramente sociales. La hominización comienza con el objeto. Sus contratos adquirieron peso, empezaron a girar alrededor de las cosas. Sin cosas nos hubiéramos quedado como animales políticos, obsesionados por los sujetos solos, los seres entre sí. Las primeras negociaciones sociales solo concernían a los sujetos: entonces éramos animales aún. Lo seguimos siendo cuando quedamos atrapados en el vértigo de las simples relaciones. Y la historia comienza por la repetición de esos contratos vacíos, que solo se refieren a las relaciones. Pero intervino el objeto que dio densidad al contrato. No hablamos de nada, no pensamos en nada, si no pensamos algo. Entonces, emerge la era del derecho, en la cual solo los objetos se negocian, marcando la mezcla de las cosas con las relaciones. Los objetos acaban así por crear relaciones sociales, a su vez creadoras de objetos.

Lejos de estas tierras hemos llegado a un tiempo en que los objetos dirigen las relaciones. Aquí se vive aún en una era arcaica, donde las relaciones dirigen los objetos. Ahí está el mal, que viene de las relaciones humanas, no del aire. Ahí está la causa de la falla del derecho. El descubrimiento del interés significaría la racionalización de las fuerzas y de las relaciones, el surgimiento de la voluntad por encima del instinto y, por fin, el nacimiento del principio de necesidad, que es principio de conservación, que es el peso y la densidad de las relaciones sociales elaboradas. Entonces solamente, la liviandad mexicana, este encanto arcaico que atrae tanto a los hombres civilizados fatigados del todo poderío de la ley y del peso de los objetos, podría ser vencida. Solo entonces podrían vislumbrarse primicias del derecho. Estoy hablando de un atraso de varios milenios respecto del recorrido mediterráneo.

Porque todo individuo quiere ir directamente hacia su fin, que es el ser sí mismo, y que para este fin que le es propio, todo individuo tiene los medios que le son necesarios, o busca tenerlos, y estos son la fuerza o la amenaza o el convencimiento o el engaño y muchos otros más; por todo ello el principio de conservación de la sociedad entra en contradicción con las voluntades y deseos particulares; y se vuelve necesario el derecho. Esta lucha entre particulares y sociedad acaba solo de dos maneras: o vence el particular y la sociedad derrotada lleva a su vez a la derrota de todos y cada uno de sus individuos, y éste es el caso de las sociedades condenadas por la decadencia; o, entonces, el interés público logra sublimar a sus individuos constituyentes, y los particulares revelan su ascenso y su madurez en la construcción del derecho, la ley del pensamiento y la ley de la acción. Aquello ha pasado de una u otra manera, en tiempos relativamente cercanos, en muchas naciones y probablemente en la totalidad del mundo mediterráneo. El contacto con la práctica afinó la necesidad, y la teoría agregó sus explicaciones a lo que era, en un principio, un sentido de sobrevivencia. En el centro de la especulación se jugaba la tragedia de la justicia, que es la tragedia de las relaciones humanas, la invención del derecho y la capacidad que tienen los hombres para elevarse por encima de su animalidad.

La justicia es un problema grave, no solo por la contienda moral que supone, sino, principalmente, porque es la adquisición de la acción; su modo de ser es una sabiduría, no un atributo, es decir: una calidad sobrecargada. Su máxima característica, y peligro, es que encierra en sí el límite interior del poder. Es claro para cada quien que el derecho sería insuficiente por sí mismo: lo que le da su operatividad es la fuerza. Ésta no es la raíz ni la causa de la ley, tampoco es su espíritu: solo es su condición y es más que mucho. La fuerza sin la ley es la tiranía, y poco mejor que las bestias viven los pueblos que no tienen leyes. Pero sin el espíritu de la ley todo sistema de derecho, aun el más elaborado, está llamado al fracaso.

Aquí, la opinión y la preferencia se han manifestado bajo una forma puramente práctica, como en los pueblos que no tienen ley. Sus problemas se han llevado según la fuerza que regía el momento, o según la negociación de la hora, o según la buena disposición o la fatiga de las partes. Esto es común en el derecho natural fundado en las costumbres y que representa el reconocimiento de la autoridad. Pero ni la opinión, ni la preferencia son fuentes de derecho; solo impulsan y aprueban aquello que parece mejor, según la circunstancia. En este sentido, y nuestros maestros filósofos lo han dicho, la mayoría democrática bien podría ser contraria al derecho y conforme a la autoridad natural. En una sociedad regida por la *mediocritas* democrática, los débiles, los inconformes, los renovadores, no tendrían ninguna posibilidad de sobrevivencia. La apertura de la sociedad mexicana a la tiranía de la opinión no ha hecho más que dejar la rienda suelta a sus disposiciones naturales. La ilegalidad se asomó por la puerta del peso de la masa y por los canales que pretendían transportar las voces de la opinión pública. Más que nunca, bajo esta pretensión de apertura y de libertad de expresión y de presión, la justicia ha sido burlada y el derecho negado. Faltaba elevarse a una sociedad acostumbrada a rechazar su propia trascendencia y cuidadosa de llamar vida a la sola cotidianidad. Faltaba madurez a un pueblo que odiaba el paso del tiempo. Faltaba capacidad de especulación, que es un don de la razón, ahí donde la razón está siendo negada y derrotada por la magia. Faltaba comprender la tragedia de la justicia, ahí donde jamás se ha entendido el significado de la palabra tragedia. La capacidad de equilibrio que es asunto de pueblos adultos; la adquisición de la acción que es propia de la carrera del tiempo que se agota; la sabiduría que es esta mezcla de amargura y de ternura que permite mirar a los hombres sin odio pero sin demasiado amor; todas estas virtudes desaparecieron frente al peso de la naturaleza, que es el peso de la fuerza y el peso de la muchedumbre, que es el peso de las costumbres y la desesperanza del pasado. El espíritu de la ley, que no depende del voto ni del consenso ni de la preferencia, quedaba a lo lejos contemplando su derrota. La fuerza bruta, sin límites, imponía otra vez su costumbre de iniquidad; antaño acostumbraba hacerlo por medio de la autoridad de uno, hoy vuelve a hacerlo por medio de la autoridad y el peso de la masa, no por la razón y la nobleza del derecho.

En mis múltiples discusiones con los hombres de este pueblo, he tratado de convencerles de lo que, para nosotros, griegos, era una evidencia: el derecho solo podía ser de los particulares. Pero no he tenido suerte alguna en mi empresa; no podía tenerla. Promover el derecho de los particulares es promover su deber; es decir, su responsabilidad; es decir, que alguien debe encargarse, a fuerzas, del problema del mal y de los males. Pero se niega la justicia precisamente porque se niega la responsabilidad del mal. Si no se presupone el mal, no hay justicia posible, como tampoco es posible que alguien sienta una deuda de justicia. La irresponsabilidad general vuelve posible la colaboración con el mal. El encanto del niño está en su liviandad, hasta el día en que el niño quema la casa con sus moradores: solo había querido ver el brillo del fuego. Incapaces de tomar distancia frente al concepto de justicia, solo ven en ella un instrumento represor, o una argucia que la práctica diaria, los hombres y las diferentes circunstancias se encargarían de vaciar. Así, la letra de la ley se vuelve una corteza, y la flexibilidad tan buscada y querida, después de un largo andar, se vuelve contraria al principio mismo del legislador.

Durante mucho tiempo, el político fue el legislador; las dos tareas se complementaban. Entonces, me he preguntado: ¿qué política sería posible si el principio de justicia queda derrotado y su legislador humillado?

La política

Mi tarea es difícil. Durante múltiples generaciones los mexicanos pretendieron ser diferentes de los demás, aislados del mundo por su alteridad y su lejanía. A ellos no se les podían aplicar las leyes reconocidas. Únicos en la gestación del género, rechazaban cualquier opinión ajena como carente de conocimiento, autoridad o buena fe. El que hablaba sin conformarse con la imagen idílica que se hacían de ellos mismos, era su enemigo jurado. Y, sin embargo, los mejores textos que les concernían fueron escritos por los foráneos. Algunas raras tentativas internas, dolorosamente lúcidas, fueron desautorizadas agriamente. Todo ello, producto de ciudadanos o de visitantes y estudiosos, generó discusiones y polémicas que crearon en su espíritu un clima de malestar amargo: eran las víctimas incomprendidas de un mundo superficial, injusto, adverso.

Hoy, la situación se ha invertido; a tal punto, que reconocerles una particularidad cualquiera se vuelve una agresión sin par: se querían iguales al resto del mundo en la pretensión, y diferentes en el trato; iguales en los derechos, salvados de los deberes. Querían una dirigencia democrática, pero no se reconocían, a nivel del conjunto social y de cada quien, un espíritu profundamente autoritario. Querían pagos justos para objetos deficientes; querían el reconocimiento del trabajo sin el trabajo; y el reconocimiento de la excelencia sin tener que conformarse a ningún criterio de calidad. La política, la vida de la ciudad, no habían sido en ellos una larga y laboriosa cultura. Las palabras pretendían ocupar el lugar de los hechos, de la educación y de la costumbre. Su caso se había vuelto un problema para las demás naciones; así que ¿cómo entenderlos?

Yo venía de una cuna prolífica en esas preocupaciones. Aristóteles había sido mi amo incontestable en los campos de la especulación política. En las disertaciones de lo político, mi modelo era platónico. Los hombres vivían juntos y de esta suma resultaba una necesidad de orden exterior: esto es la vida política, que es el arte del derecho, que mide y modera las pretensiones de los particulares y crea entre ellos costumbres civiles; de ahí la naturaleza esencialmente educativa de la función de gobernar. La política no está hecha para los santos ni para los sabios, sino para la inmensa cantidad de hombres comunes que conforman la ciudad. Así que no puede considerársele como una práctica purificada y purificadora porque acabaría con las naciones. Si se trata de erradicar los gérmenes, solo se logrará que estos creen resistencias. Para responder a estas resistencias, el régimen político tendrá que endurecerse, lo que llevará a un recrudecimiento de la violencia. La represión desatará el terror, y pronto se llegará a la carrera inacabable en el armamento de cada parte. Pero existe otro modo de usar a los gérmenes, como es echarlos en la leche agria: esto da, a veces, unos quesos excelentes. De la misma manera, pretender hacer de la política una oración límpida donde no cabe la mentira es condenarla a la mentira y al fracaso: si el discurso político es un sistema de evocación destinado al vulgo, que solo puede vislumbrar la verdad por medio de los símbolos, entonces se necesita de procedimientos educativos hábiles que actuarían sin perturbar su intelecto en demasía. Ahí cabe una cierta mentira y la política cabe en esta concepción. Se puede mentir para engañar a los hombres y dañarlos, como se puede mentir para el bien de los hombres: para impedir los disturbios, calmar las pasiones y las emociones. A veces, los criterios de prudencia sugeridos por las circunstancias dicen que se impone no expresar la totalidad de la verdad o la opinión personal de los gobernantes sobre ella, a condición de que este arte de las artes, la prudencia política, esté siempre acompañado por el arte del derecho y el sentimiento profundo de la necesidad de la felicidad de los hombres. El filósofo, el hombre de ciencia, encuentran su felicidad en la sabiduría y en el conocimiento. El hombre de gobierno la encuentra en el gozo del poder. Pero los hombres comunes deben encontrarla en sus relaciones recíprocas. La vida de la ciudad es suficiente para su perfección, que en ellos significa la aptitud para alcanzar la felicidad de los individuos en su trato con el conjunto. El concepto de verdad no está en juego en ningún momento para lograr este propósito.

Muchos elementos son necesarios para el quehacer político. A menudo, y por desgracia cada vez más con el paso del tiempo, se observa una incapacidad mayor en la reflexión y la práctica de este oficio. Pocos se revelan capaces de comprender la teoría de la autoridad fundada en la emoción y la teoría de la naturaleza y el valor del consentimiento universal. Los cambios en los regímenes políticos, el paso de la dictadura a la democracia, no liquidan el problema de la autoridad, como tampoco lo contradice el consentimiento universal otorgado en las urnas. La autoridad no es sinónimo de tiranía, ni la democracia sinónimo de vacío de poder. La naturaleza, que suma los conflictos de intereses a la volatilidad de las emociones, aun en la más perfecta de las democracias, vuelve necesario el arte de gobernar y la capacidad de un buen gobierno para hacerse respetar y poder emitir la última palabra en los asuntos de la ciudad, sus diferentes partes y las relaciones con sus vecinos. Aquel que está en condiciones de conducir a los demás hacia un resultado práctico, al cual su situación no les permite llegar por sí solos, es su guía: él es la autoridad y gobierna; no solo sugiere, pide opiniones, escucha, contemporiza o figura. El encanto será su recurso solo si le sirve para educar y convencer. La verdad será su recurso para pedir la ayuda de su pueblo en condiciones ásperas para la vida de la nación, no para perturbarlo. La reciedumbre será su recurso para apoyar el derecho e imponer el orden de justicia. La dulzura será su recurso porque el que gobierna es, en todo caso, el padre de su pueblo; y los hijos necesitan a la vez rigor y ternura. El concepto de autoridad es muy preciso. Cuando un jefe conduce una empresa a su término, nada debe distinguirlo de los demás; tendrá seguridad en los límites que le impone el mantenimiento de su seguridad y tendrá bienes en la medida que lo requiere la dignidad de la República. No tendrá por qué ser un santo en los aspectos que no atañen a la República. Aquellos son asuntos del alma y de la vida de cada quien, no son asuntos de comentario ni de juicio público. Olvidar estas distinciones consiste en mezclar los dominios: así, lo que debe ser público oculta y lo que debe ser privado deja de serlo.

Para bien gobernar a una ciudad se necesitan dos condiciones: ciencia y fuerza. Es allí donde surge el problema de la relación entre el mando y la inteligencia para guiar a los pueblos. Los gobernantes tienen generalmente la fuerza del alma y del carácter, y el gusto por el mando, es decir, los cimientos de la fuerza, pero no tienen la ciencia. Más raramente ocurre lo contrario; es decir, que tienen la ciencia sin el gusto por el mando. Ocurre a menudo que uno o más sabios se suman al gobernante valeroso, porque difícilmente se logran reunir en un solo hombre ambas virtudes para que la guía del Estado sea completa.

En todos los casos, aun en la República, la intención de obediencia de un pueblo debe ser requerida. Con el crecimiento de las poblaciones y el aumento de los conflictos entre los hombres, las dificultades del gobierno y sus incertidumbres crecieron. Entonces se tuvo que recurrir a un suplemento que el derecho romano había agregado a su práctica de las leyes: la equidad. La imposibilidad de la igualdad la volvía necesaria para lograr la justicia. Porque, cuando ésta fallaba, ocurría a más largo o corto plazo un acto que bien podría destruir la práctica de gobierno. El hombre depende de una naturaleza, una sociedad y un comportamiento. Su acción no depende de variables simples. Si alguna de estas condiciones entra en zozobra; si llega a faltar la justicia o el orden o la esperanza o la seguridad, y si estas fallas aumentan hasta niveles exagerados, el acto de obediencia bien puede desaparecer detrás de un acto de rebelión. En la historia de todas las naciones está el conflicto trágico entre el poder y la justicia, que dio lugar a terribles disputas que serán la ocasión de múltiples persecuciones. De este conflicto surgieron muchos pensadores, muchas teorías que autorizaban, si el poder se porta de manera injusta y si las circunstancias lo permitían, una revolución armada abierta hasta su deposición. Aquello se llamó deber de resistencia en oposición al deber de obediencia, ya que los sujetos tenían el derecho de rebelarse, incluso con las armas, contra el injusto, hasta hacerle entrar en razón o quitarle el poder de mando.

En México, a lo largo de la historia, la justicia ha fallado. Pero existían formas de convencimiento que bien podrían aparentar equidad, ya que sus colores se parecían a ella, aun si su forma y su materia se alejaban de ella. Un sistema amplio de atención a las masas tomó lugar. Era deficiente en la mayor parte de sus prácticas, eficiente en otras pocas. Pero daba a este pueblo la impresión de que no se encontraba abandonado: un padre vigilante cuidaba de su salud, de su educación, de su vida. El padre comprendía incluso, en su profunda sabiduría, la necesidad de sus protestas y de sus iras: así que le permitió organizar sindicatos, los cobijó, a veces los creó él mismo. Aquel padre sabio daba trabajo aun cuando no había trabajo; daba una formación mínima; daba algo de seguridad y de orden; y, ante todo, daba esperanza: mejoraba la situación de los sujetos de esta nación, los hijos vivían mejor que los padres. Poco más o menos, de manera deficiente si se comparaba con las mejores naciones, no tan mal si se comparaba con las peores, el padre jugaba su papel eficientemente. La equidad se verificaba también con una forma particular de la redistribución del ingreso: la corrupción generalizada. A veces, no muy a menudo, por razones esencialmente internas, debido a la exageración en la codicia, la incapacidad de la mesura, la ignorancia arrolladora del pueblo o la ignorancia particular de sus gobernantes, un exceso de autoritarismo, alguna variable incontrolada, ocurrían estallidos. Pero el país parecía haberse quedado al margen de las grandes tragedias del mundo, y lo que podría llamarse un infierno según los criterios de una buena vida, bien parecía un paraíso en comparación con la generalización de los infiernos en el resto del mundo.

Si el Estado vale por la paz social, en tanto que es apto para perseguirla, entonces la historia del Estado mexicano no ha sido negativa. Dudo mucho que sus dirigentes hayan sido conscientes, de manera racional, de que debe haber un orden y una armonía, y que estos causan a grandes rasgos la felicidad de los pueblos. Pero conscientes o no, en los hechos la luna se levantaba y se ponía según la ley del cielo y su gobierno interno funcionaba.

Los Estados tienen maneras diferentes de formarse. Una vez que se formaron, constituyen una realidad de hechos en la cual debía observarse un fin: tenían que volverse partícipes de una cierta racionalidad universal y, por ello, racionalizar su propia existencia. Si la realidad del mundo no los obliga a una racionalización que sea aceptada por la universalidad, podrán vivir en medio de sus propias razones, aun si éstas no corresponden a lo que acostumbramos. Pero si los contactos con el mundo se vuelven más estrechos y más cercanas las lejanías, entonces difícilmente podrán sustraerse. Este fue el caso bajo el poder de los imperios. Y hemos conocido, a lo largo de los siglos, la ciudad de la locura, del error y del pecado. Muchos se han preguntado qué es lo que constituye una verdadera ciudad. Si fuera la ciudad ideal, será la totalidad de las condiciones que van desde la lengua, las costumbres, los caracteres naturales comunes, las relaciones, la descendencia, pero que comprenden también, de una manera insistente, la necesidad que lleva a acuerdos mutuos, y el reconocimiento de la superioridad ajena que lleva a la gobernabilidad.

Cuando llegué a México creí encontrarme en la ciudad de la demencia, el error y la fuerza que se imponía a los demás. El bello orden de los principios —la constitución, la administración del Estado— no parecía tener cabida aquí. Como en la ciudad del error que describieron nuestros filósofos, sus habitantes tenían por objetivo la satisfacción de sus necesidades aisladas entre sí. Ponían su finalidad en la riqueza o el placer de los sentidos. He conocido otras ciudades que tenían como objetivo la gloria, la potencia o la libertad: todo ello debía, por supuesto, complementarse. Pero aquí, la actitud activa de los ciudadanos se hizo extraña a la actividad política, como si no se interesaran ni creyeran en nada que no fuera su vida inmediata. La tiranía se sirvió de este escepticismo como un instrumento fundamental. Una orden venía desde arriba; en ella distinguían la voz del fundador, el intérprete. No era un césar. Entre el régimen monárquico, el de la comunidad, el de la familia y el propio, empezaron por rechazar aquella doctrina que desarrollaron en Iberia los grandes pensadores: la del régimen solitario. Yo conocía a esta pequeña aristocracia del pensamiento y del mando; cerrada sobre sí misma y que, a veces, respetaba las disposiciones de la ley máxima, que domina a las masas y que vive una disciplina propia, en una suerte de hermandad extrasocial. Pero no la he visto aquí. He visto una moral política que niega todo derecho a los individuos de participar en las altas esferas de la vida de la ciudad; a la vez, todo lo que cabía en la esfera de lo necesario cotidiano estaba permitido, cualquiera que fuera la forma de procurárselo. Era la mayor liberalidad fuera de la esfera política y la mayor cerrazón dentro de ella. El fundador hablaba, los siervos cercanos ejecutaban. La distribución del poder se daba en una renovación temporal que respetaba unos rituales rigurosos, y la distribución de las riquezas se efectuaba gracias a la corrupción generalizada. Todos parecían participar de la vida de la nación sin participar realmente en ella. Un orden riguroso salvaguardaba la permanencia del desorden: no era lo peor que tenían. Entre la ciudad ideal y la ciudad de locura, entre Utopía y el Erebo, México parecía haber encontrado un equilibrio hipócrita y salvador. Hasta que apareció por sus ventanas el mundo. Los seres de la noche descubrieron la luz y empezaron a desearla. Hablaron de legitimidad. No tenían costumbre de ella. Pocos entre ellos, de los que leen los libros ajenos y tienen conocimiento y experiencia de la vida del mundo, sabían que la ilegitimidad no era un impedimento para el buen gobierno. La legitimidad descansa sobre la condición primera del voto; luego, aparece la condición más difícil: que no haya nadie mejor que el gobernante para dirigir a los demás. Tal condición es prácticamente imposible de cumplir; de ahí se dedujo todo el pensamiento sobre la legitimidad del poder político en las naciones. La realidad es que ésta no se verifica nunca: cuando mucho tenemos una conveniencia práctica entre los sujetos y sus guías.

A la vez que buscaban el cumplimiento de esta primera regla, trataban de ampliar la participación de los ciudadanos en el mando pero, cuando la sabiduría no participa del poder, solo se logra aumentar el número de aquellos que mandan, hasta la pérdida total de la efectividad del mando. Así, la autoridad desaparece y el Estado se dirige rápidamente hacia su ruina.

Los transformadores parecían ignorar que el proyecto que Occidente había parido no estaba ganando en sus propias casas, que su ciencia estaba en su espalda y bajo sus pies, y que abajo de todo ello, en los sótanos de la memoria de los hombres, está la cultura.

La desgracia llegó de sus miembros más arcaicos; el único obstáculo que no se creía temible ha sido fatal. La tontería histórica fue haber creído que ellos no estaban enraizados en tierras peligrosas. El saber y sus maestrías no han nacido de la nada y de cualquier lado: aparecieron por y sobre una cultura que los ha alimentado con su podredumbre acumulada a lo largo de milenios. Con paciencia, transcribieron sus rechazos. La impotencia venía ligada a la ira, como era natural. Todo ello se ve hoy tan claro y evidente que mueve a risa.

Por supuesto que los países necesitan de pórticos, rupturas, pasajes y límites, pero esto que ocurrió parece ir más lejos que una simple ruptura. Es la cruz destrozada de los males rotos. Un formidable rugido estalló. El sistema entero recibió una colisión y temblaron sus cimientos. Todo esto solo fue un principio. La guerra siguió bajo otras formas. La rebelión se transformó en violencia y ésta alcanzó a la sociedad. El fuego nuevo se expandió por todas partes, revivificando viejas imágenes; movilizando discursos olvidados; devolviendo gestos antiguos; despertando mitos, rituales y leyendas; yendo a la búsqueda de sedimentos recubiertos por la tierra. Así es como la novedad que es ruptura, abandono de las ignorancias y de las opiniones pasadas, se vuelve a la vez renacimiento en la prehistoria.

Todo periodo de sacudidas mayores se acompaña de un caos lujoso. Esto no es extraño, es fatal; es la regla de la sexualidad que es a la vez vida y muerte, como si la lógica del combate político siguiera isomorfa a la lógica del deseo. Fuego por fuego, después de todo, éste se desplaza y las dialécticas se equivalen. La tragedia consiste en que, en estas epidemias, las bestias mueren numerosas, incluyendo a la bestia humana.

EL ACCIDENTE

El amor

Había un hombre que amaba los libros: ocurrió algo que quemó sus libros. Había un hombre civilizado: ocurrió algo que puso en entredicho su refinamiento. Había un hombre que amaba a Dios y ocurrió algo en contra de Dios, desde dentro de Dios, por encima de Dios, que lo transformó en hereje.

Me hubiera gustado medir y juzgar todas las cosas. Nada se oponía a que lo hiciera: mi edad madura, mis viajes precedentes y la experiencia de la vida habían logrado enfriar mi corazón, calmar mis sentidos e iluminar mi pensamiento. Durante años no he amado los amores de los mexicanos: ¿qué amaban?, me preguntaba. Nada de lo que despertaba su pasión lograba despertar mi simpatía. En su elección jamás intervenía la virtud o la reflexión, sino algo indefinible que yo no alcanzaba a entender. Pero no había nada que entender; ¿qué amaban?, repetía, hasta que entre ellos, en la otra ladera de mi vida que he creído reseca, encontré mi propia demencia.

Originalmente, el amor era algo con lo que deseaba escapar de mi soledad; sabía que él no intervenía por deliberación o por el pensamiento, sino como sentimiento espontáneo e irreprimible, pero lo reconocí; me decía, sin embargo, que por este medio lo que era imperfecto escapaba de su imperfección hacia lo que sublimaba. Esta virtud estaba hecha para la naturaleza primera, un país y un pueblo desprovistos de refinamiento; el amor era el huevo de su irresponsabilidad, la hechura de su demencia, la inexplicación que privilegiaban, la sinrazón que yo rechazaba y el hundimiento de mis teorías. No creía, después del incendio de mi nación y de mi vida, después de observar las cenizas de los caminos, que iba a incendiarme con algo más que el rencor y la ira. Quería juzgar y heme aquí, aprendiendo a dar a mi nuevo amor la gloria de los tiempos gloriosos. Una mujer había nacido para cerrar las bibliotecas, destruir las civilizaciones y enfrentarse con el cielo: a ella la gloria de los tiempos gloriosos.

Dije: ven a cortar mi derecha y mi izquierda; tus manos se han vuelto el corazón del mundo. Para ti quise dejar de errar y asentarme; o errar sentado ahí donde se ubica el horizonte de los pueblos. Tus padres creen en la magia y yo soy el milagro; sigo siendo el mar rehén de las mareas que provoca la luna y la luna que borra el sol y el sol que secuestra la noche y la noche que vence la luz de tus ojos. Heme aquí vencido de nuevo, oh mi hija, mi hermana, mi madre.

Maldita seas, oh bendita. Entre tú y mi razón está la anchura de mi lecho. En este llano debo perderme y odio todo lo que no es mi extravío. Eres la orilla de mi barranco, eres mi víctima. Juro que no hay más aurora que la tuya, ni paz fuera del espacio de tu frente, ni vida lejos de mi muerte en ti. Tu cabellera es la corona del mundo, oh mi caída. Pretendí ser el heredero de los siglos y heme caminando sobre la tierra primera. Tu rostro ataca mi libertad y sitia y gana y bate por encima de mis ruinas. Era yo el ejemplo del triunfo del pensamiento, pero aquello que el hombre separa el hombre tiene que unirlo, como el espíritu con el cuerpo, y la tierra que otros habían quemado tú la sembraste, oh mi caída. Santa eres. Llegas hasta el firmamento y levantas el techo del cielo y lo abres. Me uniste cuando la división se había vuelto un infierno y me despedazaste en este mi nuevo exilio. Sin tener nada en tus manos has limpiado mi frente cuarteada. Eres la mentira, y, por supuesto, que existen cosas más importantes que la verdad. Yo no estoy compitiendo con nadie pero: mírame, no tenía parecido, y no era poco lo que has logrado y ahí estamos, el uno en el otro, entregando al mundo las potencias de los ángeles que nos precedieron. Las malas hierbas invaden los muros. Las aves de paso que no tienen país emigran. Que se vayan; ésta es mi estancia. Y había en el mundo, mundo y cielo y criaturas pero solo vi tu rostro, solo supe que me hacías falta, que mi sed había alcanzado sus límites. Y, como cada vez antes de ti, cayeron las lluvias de la vida; no dejes que se sequen. Oh ángel de la historia, aléjate; ángel de la razón, ángel de la fuerza, de las épocas, aléjate. Y que se alejen las naciones altaneras y el rencor y la prepotencia y el juicio: mi amor no ha muerto, no debe explicaciones. Mi amor aprueba la demencia, el tiempo de los niños y la sinrazón. Mírame: soy quien carga con las llaves del Erebo y tú eres el caos que ha incendiado mis árboles. Soy el inocente que cae en todas las trampas; soy el que no ha muerto en siglos; soy el zorro; soy aquel que posee el privilegio de vivir y de morir por tu espada. Oh mi caída, inventaste la vida cuando ésta se acababa. Erguida sobre la orilla del mar observas cómo me hundo y ordenas mi salvación. Pequeño continente, sombra de los continentes, triunfo de los bárbaros, toma de mis manos las llaves de la ciudad. Has nacido para ser una capital y para corregir las arquitecturas. Destruye, destruye, y que suba la santidad desde las columnas de tus piernas. Que cierren las escuelas, que reinen los iletrados, que quemen los libros. Amplía el océano, amplíalo. Deja que los peces y los hombres nos miren. Hemos inventado algo en contra del miedo y de la insignificancia, en contra del odio, de la envidia, en contra del desierto, en contra del llanto, en contra del hielo y del exilio y de los sitios. Hemos inventado algo en contra de las tormentas, de las fieras, del terror, de la moral, de la civilización, de las fronteras. Hemos inventado algo en contra de las ejecuciones, en contra de los sabios del pasado que nos aleccionan, en contra de las pisadas que despiertan a los niños. Hemos inventado algo en contra de las ruinas habitadas por los espíritus, en contra de la maledicencia, de la calumnia, de las acusaciones, del sufrimiento. Hemos inventado algo en contra de la muerte; algo más grande y más generoso y más eterno que la eternidad; algo que va hacia Dios, adentro de Dios, por encima de Dios; Él que es la desnudez del mundo, que se alojó entre tus piernas. Hemos devuelto a este país la propiedad de Dios, Él que permite la alegría, que estaba muerto en nuestras conciencias, que amarraron al pozo para impedirle liberar el agua. Él que no sufre, no teme, no limita, no doblega, Él que nace del incendio de mi amor por ti, que nace de tus manos, del río de tu ciudad, de tu lecho. Y vienen las épocas y Su gloria. Y desciende sobre la gente Tu gloria. Bendita seas.

Dije, y cargo con cada palabra de lo que he dicho. La confesión del corazón basta, independientemente del hecho. Todo lo que precedió, todo lo que podría seguir, no serán más que formalidades exteriores.

La despedida

Detrás de la voz del fiscal que ha escrito estas páginas, escucho el ruido transitorio que acompaña a la suma de los hombres. Leo mi propia escritura y constato que me han faltado caridad y bondad. Ahora tengo que juzgarme a mí mismo después de haber juzgado a los demás. Mis maestros me decían: "... que no te reprochen más que lo que te has reprochado..." Ahora puedo ser su defensor, después de haber sido su acusador.

El vocablo humanidad designa a la vez al género y a la compasión. Siguen habiendo pasiones y grandes sufrimientos y salmos y hombres, llorando lo vano y lo absurdo de su propia inerradicable violencia. Todo aquello ha sido la fuente de la belleza que han creado: escritos y sonidos, pinturas y esculturas. De la responsabilidad del trabajador maduro a la irresponsabilidad del artista niño hemos atravesado los caminos de la civilización. No separemos entonces al niño del viejo: ambos son universales. Mi corta prepotencia despreciaba su larga humildad, el nudo entre ambas no debe ser cortado. La modestia es grandeza del alma y es técnica de sobrevivencia. No es superflua. La necesidad la llama a su lado y se alía con ella. Este mundo de oscuridad ha agredido a mi sol, pero ¿acaso no lleva cada luz con ella misma su sombra asociada? Si cada hogar pretende emitir la luz fuera de la cual no habría más que oscurantismo, solo obtendremos vías de obediencia. Entonces transformamos lo posible en obligatorio y el exceso de luz acaba por ser la sombra máxima. Mucho se nos escapa de lo que debe enseñarnos la modestia. Aun cuando hablásemos todas las lenguas; aun cuando aprendiésemos a descifrar todos los códigos; aun cuando supiésemos la ciencia absoluta, seguiríamos sin saber nada ni podríamos explicar el misterio del amor. Desde nuestros elevados orígenes hemos aprendido a distinguir entre aquello que depende de nosotros y aquello que no depende de nosotros. Nos hemos acercado poco a poco a la esperanza de anular el límite de lo que se nos escapaba. Hemos querido vivir en la certidumbre. Nuestra ebriedad fue mucha y el mundo se ha vuelto incomprensible para aquellos que querían comprenderlo todo. Hemos construido un mundo casi universalmente miserable. Éramos pueblos opulentos en saberes y en razones. Nos hemos vuelto los decididores trágicos, los amos y los jueces, hasta que se nos devolvió la antigua dependencia: la vieja necesidad no ha desaparecido. La maestría nueva no existe y allá donde existe su promesa, su realidad se nos escapa. No dominamos aún el camino que va desde el callejón local hasta el posible infierno global. Nuestras conquistas van más rápido que nuestras intenciones. Sometidos a leyes irremediables que hemos forjado con nuestras propias manos, hemos vivido en un mundo sin prescripción y sin perdón. Pretendíamos resolver la totalidad de los problemas con recetas claras y legibles, pero ni siquiera Marco Aurelio pudo cargar con el peso de la Tierra entera.

Hoy necesitamos administrar algo que parece escapársenos; que va más rápido y hacia otra parte, y más lejos que nuestras facultades para preverlo. Este desastre no debe seguir, la virtud consiste esencialmente en detenerse. Debemos firmar una tregua con el pasado, con la infancia del mundo, con la sinrazón. Tregua viene de un vocablo muy antiguo que significa *contrato*. Vamos a necesitar de una sabiduría prodigiosa, aguda, armoniosa, soberana y prudente. No vamos a necesitar de los tribunales. Este libro se termina por la evidente razón de que la lista de los pecados y de los posibles acusados se ha agotado. Todo el mundo podría ser acusado y las causas desaparecer. En el banquillo se han sucedido todos los posibles criminales pero el mal se ha quedado. Antaño, las civilizaciones bárbaras esperaban extirpar el mal con la eliminación de los malhechores, pero ya no hay ningún responsable mayor que vencer. El mundo, y México, se encuentran en medio del principio primero del mal. Ningún sistema político está exento de él. Porque el mal no viene de los sistemas: viene de las relaciones. Debemos seguir viviendo con el mal y su expresión violenta, y vale más inventar equilibrios, aun maltrechos, que lanzarse a una guerra perpetuamente perdida. Se trata entonces de administración, no de eliminación; se trata de desplazar cantidades constantes del mal para restablecer los equilibrios, en lugar de pretender remediarlo.

En cuanto al largo plazo de nuestra construcción y de la suya, solo queda la educación, para prever suavemente el futuro. Cuando falla la providencia, solo queda aquélla. ¿Cómo es posible que en estos tiempos de triunfo del saber se haya dejado que la instrucción se degrade a este punto tan lamentable? ¿Qué es lo que ha pasado que nos ha hecho perder a la vez a los maestros y a los discípulos? Debemos enseñar la forma perfecta y la síntesis; apoyarnos en la totalidad del saber. El que lo ejerce tiene el deber práctico de visitar el mundo entero: estos serían sus trabajos de Hércules.

Me gustaría verlos avanzar tambaleándose, deján-doles algunas debilidades; prefiero el peligro de errar que la seguridad rigurosa. Les quiero decir que no busquen el orden perfecto del saber. Vivimos una época en que aun el saber tiene su propio caos. Que no se entreguen al mito, pero que no lo excluyan; si lo hacen, volverá con una fuerza insospechada. La civilización es una placa profunda que persiste sólidamente debajo de los sismos. Las rupturas de la historia y de la geografía ocultan, debajo de ellas, un movimiento lento de comunicaciones y de re-sistencias. Su profundidad es inmensa. Esta breve violencia que vivimos está destruyendo los paisajes y las ciudades, pero abajo siguen corriendo, de manera regular e insospechada en otros tiempos, la barbarie de todos nosotros y nuestro refinamiento. Algunas acciones y conductas, algunos logros y pensamientos repiten casi sin cambio modos de pensamiento o de conducta extremadamente arcaicos. Somos los bárbaros irredentos; y esta historia de rupturas es la selva que nos oculta el árbol de humanidad. Ni siquiera somos capaces de ver nuestros verdaderos arcaísmos.

Quiero decirles que el conocimiento tiene dos centros. Tras haber seguido la red global de la enciclopedia, queda el sufrimiento en su totalidad. Después de la explicación racional, quedan los sentimientos; esto es: la exploración de lo patético. Cuando instalemos en un lado la vida y en el otro el dogma, instalaremos la verdadera ceguera. Debe impedirse este horizonte absurdo.

Jamás calculamos el precio de nuestros métodos, los creemos gratuitos; pero todo se paga, incluso la luz. Ésta no debe ser demasiado intensa ni demasiado opuesta a la sombra. Sobre la luna sin aire, la luz del sol se recorta geométricamente y se opone a las tinieblas. El claro conocimiento se aloja en la luna, donde se separan radicalmente lo racional de lo irracional. Pero ni los historiadores ni los filósofos deben vivir en la luna. Deben aprender, al igual que todos los hombres, la elevada sabiduría de las sombras. Arrancar algo de su oscuridad es destruir el conocimiento. Proteger es situar en la sombra.

Quizá es tiempo ya de inventar una teoría del conocimiento oscuro. La oscuridad no es exactamente un insulto. La isla de Delos se llamaba Adelos, la velada; aquella que se oculta en la bruma y la sombra y se acompaña de luz.

He vivido entre ellos más que lo que he escrito sobre ellos. La escritura devora la vida; me he vuelto entonces bastante ignorante. El propósito final de toda crítica es escapar a la crítica. Siento hacia ellos una estima apacible y un cierto agnosticismo sin resentimiento. No son ni el bien ni el mal absolutos; ni el olvido del espíritu ni la razón triunfadora. Son un conjunto de potencialidades que podrían transformarse en proyecto. No quiero ser el general que enseña las estrategias guerreras. No quiero ser este filósofo que se instala en el trono augusto del que tiene siempre la razón. No quiero ser el sospechador en un país sospechable. Si quitamos al Ministerio Público, el arma de la sospecha se quedaría sin empleo. ¿Para qué tomar el lugar del procurador en cada proceso? Prefiero hacer a juzgar; producir a evaluar; crear a criticar; e inventar a clasificar.

Habitamos el mismo planeta. ¿Quién sabe exactamente dónde pasa la frontera entre el Mediterráneo y el Atlántico, entre el Índico y el Pacífico? Las tierras se separan pero las aguas se mezclan. Que nuestro conjunto trate de comprenderlo todo. El reconocimiento de este lugar obliga a plantear las relaciones del derecho, el saber y la cotidianidad. Sin esta última, las dos primeras no tendrían sentido. Y la cotidianidad sin ellos sería infernal.

Somos el resultado de las razas finales. Ya no queremos estas revoluciones coperniquianas radicales, que impiden la comunicación con el pasado y la lejanía. Las revoluciones y las purezas organizan siempre una suerte de incultura. Éste es el precio de la exclusividad, cuando la estética toma el lugar de las mezclas.

Quiero elogiar las mezclas y los intercambios. Ellos son la fuente misma de la dignidad, del autorrespeto y del orgullo para nosotros todos.

Amantes de la razón, artesanos del espíritu; hemos sido maniqueos. Hemos dividido el mundo en dos imperios temporales: la sinrazón antes, la razón después. Hemos tratado de vaciar la racionalidad de todo lo que no era ciencia; así es como dejaron de tener razón las religiones. Luego confirmamos esta enorme decisión con los mitos y los sueños. Pero todos ellos seguían ahí, formando la placa más profunda en la historia de las culturas. Seguían ahí sumergidos, ocultos, opacos y negros, pero, a veces, también salvadores. He buscado de dónde vienen los hombres raros que actúan correctamente durante un periodo violento o vergonzoso. Me he preguntado qué es lo que puede protegerlos de los peligros, de las desviaciones o los crímenes de una ideología dada, y he encontrado que es a menudo la religión y sus anclas íntimas.

Hoy pagamos la ilusión de nuestra modernidad; la curva que la dibuja es fatua y vanidosa. Un método solo es bueno si da buenos resultados; son los frutos los que permiten reconocer los árboles. Una sola llave no abre todos los candados y no hay un método universal. Cada vez que queramos abrir un candado diferente, debemos forjar una llave específica que no tiene equivalente en el mercado de los métodos. El llavero del mundo se ha vuelto pesado pero es el llavero del mundo. Hemos creído que el espacio de la enciclopedia es liso y ordenado. Hemos separado la carne de la tentación. Pero nuestra carne es débil, nuestro espíritu es magro, nuestros avances son frágiles y nuestras obras están hechas de carne, de verbo y de viento. Los grandes periplos se hacen gracias a los errores. El error es el motor de la historia.

Uno no llega al conocimiento y a la sabiduría si no sufre antes, en su mismo cuerpo, su propia ignorancia. Uno no llega a la reflexión por la reflexión, sino por el lamento. Es solo cuando nos encontramos desnudos cuando hablamos de tener un hijo, y éste llegará en el dolor, la angustia y el ahogo. Entonces suplicamos: den un poco de aire a aquellos que se ahogan en medio del terror que ellos mismos han generado. No estoy inventando la confianza entre los pueblos; más bien, estoy hablando del fin de la confianza y del principio de la vida: hay que salir a toda costa de esta atmósfera irrespirable o correr el riesgo de asfixiarnos. Por el fuego de las heridas mis páginas han sido violentas, a la vez espada de arcángel y código de impotencia. Durante muchos años no nos hemos amado. Y yo he aprendido a no querer a aquellos que no me querían. Los barrotes de la cárcel tenían una doble cara: eran límites colectivos que me encerraban hacia afuera y protegían hacia adentro. Pero he aprendido con ellos que inventar no es más que aceptar decir lo sabido desde que el mundo es humano, y que la historia, como los rayos, va en sentido contrario a la ley del progreso. Lo sé y no me gusta lo que me han enseñado. Sigo siendo el autor diferente a sus reglas de autoría, donde solo es verdadero aquel que trata de no ser nadie, que deja de ser individuo libre para ser cómplice reconocido; donde el gesto cumplido se vuelve tradición y el verbo solo es audible si dice y se casa con el discurso comunitario; donde el que recita pierde literalmente la palabra y donde el estilo es lo contrario del estilo.

Este país es extraño: las mismas leyes de la naturaleza parecen estar revertidas. Yo conozco un mito griego donde el sol voltea su carrera y los puntos que se llaman cardinales cambian de posición. Observé, quise explicar los fenómenos por las derrotas, pero los fenómenos eran anteriores a las derrotas y acabé por no explicar nada: todo empezó con el secreto, el origen absoluto de todo lo que precede, el punto inicial de donde todo se ha iniciado, en el principio del mundo, antes de su propio origen, cuando aún no había historia ni realidad, cuando las piedras eran piedras verdaderas, no casas ni estatuas. Retrocedamos; no es rechazo ni refugio. Volvamos a épocas anteriores al saber peligroso; busquemos en la tumba antigua. De ella salió el chantajista que cuestiona la permanencia de la vida y la unidad y la estructura misma del Estado. El chantajista se ha vuelto amo de la historia y amo del juego; sus reglas nacen de la revaloración de las leyes del intercambio entre México y el mundo, entre el pasado y el presente, entre la ruptura y la negociación. El chantajista introdujo un beneficio propio y ocurrió lo que debía ocurrir: la diferencia de las relaciones entre unas fuerzas equivalentes induce siempre a una indefinición. Retrocedamos entonces para comprender la estrategia del destructor; así es como descubriremos que no existe más ley que la del camino más largo; es la única que impide los enfrentamientos y los desamparos. Esta rapidez es la región donde la ley de la bestia es la bestia misma. Existen determinaciones, existen cadenas; no son susceptibles de juicio moral pero ahí están, y la ley del orden se encuentra en este orden.

En las antípodas están el camino más corto, el mensaje más claro, la información desnuda. No hay tanto que decir. La historia que es literatura deja de ser literatura y deja de ser historia. La historia vive de tierras desconocidas, encuentros posibles, ubicuidades prohibidas, deseos suspendidos; solo existe allá donde puede intervenir la traducción. Pero si las lenguas de los hombres vuelven al tiempo que precedió a Babel, si su nudo vuelve a ser común, entonces las firmas de los autores posibles quedarán en blanco: aquéllas son las firmas en las cuales no creo y que tampoco deseo, porque son la derrota de los núcleos. Algunos piensan que es necesario; yo mismo he amado estas revoluciones en mi juventud. Ahora sé que poco a poco hemos destruido nuestra capacidad para dominar los núcleos. No se han formado nuevas organizaciones discursivas: la era nueva es la era de la ineptitud creciente. A veces, vuelvo a pensar que todo lo que decimos hoy se parece mucho a los discursos del Renacimiento, después de la destrucción de los índices medievales, y antes de la formación de los nuevos índices, núcleos, modelos o llaves para la regulación de una nueva edad clásica. De tanto contar el Renacimiento nos hemos olvidado de que éste ha destruido, hasta las raíces, todas las estructuras sobre las cuales el medievo había regulado sus organizaciones. La crítica ha arruinado toda posibilidad de criterio porque, cuando las cosas se autorregulan tanto, el criterio deja de existir. Ahora viene el tiempo, fácil de ver, donde desaparecerán los núcleos de los relatos, los paradigmas, las perspectivas, los modos, las geometrías. Todo parece ir hacia la indiferencia: el hielo se derrite; lo sólido se vuelve líquido; el oso se parece al zorro; el lobo se hace hombre; el varón se vuelve hembra. La última ley consiste en ir de una guerra civil a otra. Este abismo parece tener un extraño atractivo; pero la lección del abismo puede también ser provechosa.

El primer provecho será literario. Se está volviendo extremadamente aburrido trabajar con un ordenador. Un día, los libros se escribirán solos, con autores dormidos en la cama. Este que estoy llamando es otro lenguaje, el de los códigos. Su aventura es la traducción. Consiste en buscar cómo pasar de una lengua formada con leyes particulares a otra totalmente diferente. La transcripción lenta de los códigos de traducción es el modelo permanente del entendimiento. No nos entendemos. ¿Y qué? Si la comunicación fuera buena, no habría necesidad de literatura. Pero como la comunicación era mala, la reemplazaron con la ciencia de los textos; ésta equivale a la ciencia de los transportes. La literatura morirá al final de los viajes, cuando la rapidez de los medios acabe por enterrar la fatiga de los recorridos.

La vida es viaje y el viaje es historia. Homero lo dijo en la aurora de los textos; y todos hemos nacido en alguna forma de Homero, aun sin saberlo. No digo que exista un texto fundamental que cada relato copia de alguna manera; solo hay una nube fundamental y desordenada. El relato viene a imponer una estructura de orden a la nube. En el primero de los textos estaba inscrita la ley del deseo: los cuerpos son palabras, las leyes son frases, este mundo es un texto y, como para la aventura del deseo, cada texto se escribe cuando menos dos veces.

Hablo del deseo porque estamos familiarizados con el lenguaje nacido de Eros, como si éste fuera primero en la lista de las necesidades, cuando apenas es segundo. Antes de él está el hambre, la mesa enciclopédica que casa el saber con la comida. Observemos la historia de la civilización; se podrá responder a todas las preguntas siguiendo la secuencia de los festines, hasta el más completo de todos, el último, cuando la imagen del comendador aparece para anunciar la muerte. ¿Quién se sentará en la mesa?, y ¿quién no? Sentémonos todos, dice la ley del banquete: la buena carne vale mucho más que la mala filosofía. Somos todos, hijos de geografías diversas, servidores del estómago. El hombre es el agujero del mundo: tiene hambre y devora. Y toda la historia no es más que el modelo gigante de todos los estómagos, el de la avestruz, que traga, toma y da apenas. Nuestros viajes por el mundo son una cacería perpetua, una pesca milagrosa en la alacena natural. Si los mexicanos han viajado poco, es porque su naturaleza era rica. Nosotros somos hijos del hambre; nuestras grandes realizaciones nacieron de nuestras alucinaciones; nuestras conquistas fueron la respuesta al vacío que nos horrorizaba y que parecía ser el primer teorema precientífico de nuestra humanidad hambrienta. Nuestros dioses tuvieron hambre como nosotros y aprendieron a reír en los banquetes, estos festines organizados en la casa de los pobres. Los mexicanos no son pobres. Con una tierra como esta, nadie es pobre. Su particularidad ha sido inventar la injusticia antes que la pobreza; así, esta última fue hija de la primera, no al revés. Nosotros tuvimos que resolver el asunto del hambre antes que voltear a las dificultades menores. Es observándolos que he logrado comprenderme, y agradezco a este encuentro de los espejos el haber puesto un orden temporal en el desorden originario. Ahí estamos ambos entregados al tiempo que nos roe, tratando de salvarnos de él. El laberinto donde me había perdido se ha vuelto la cueva de las maravillas, y la prisión que los encarcelaba se ha revelado translúcida. Hemos llegado juntos al cabo de Buena Esperanza.

Todo está ahí: el naufragio, el festín y la muerte, el cálculo equivocado y el deseo de justicia. El final del ciclo reveló la constelación famélica.

Este relato, como todos los demás sin excepción, está hecho de una larga lista de cuentas. América no fue un viaje iniciático; uno se desplaza con su casa, su jardín, su país, sus infiernos. El pulidor de diamantes cierra su puerta, se va, yerra y rectifica los errores de su pasado. El desertor, el aventurero, el descastado, el rechazado tiene algún saber acumulado. ¿A quién lo habría robado? Algún día, se embarca para América. Visitarla importa poco. La barca estaba hecha con un material de furores. Hoy es imposible retroceder. Esto, que vale una vida, es la matriz, la casa, el pueblo, la isla y el mundo; es decir, la historia de mi vida. Sé por fin la razón de mi ebriedad. Sé por qué no he descubierto el Edén: lo tenía ahogado en las aguas del Mediterráneo. He sido el seguidor de Telémaco cuando debía ser su predecesor. Los lobos, mis enemigos antiguos, acompañaron mi periplo. De vez en cuando la fatiga ha llevado al viajero a la imprudencia. Y los lobos se han acercado a lamer esta mano de hombre. Ahí está lo que soy y lo que tengo, la balanza no está equilibrada pero no oculta ni detiene nada. En cambio, pido misericordia. Toda esta selva sirvió para ocultar mi árbol pero, en esta fecha en que un siglo se acaba y otro empieza, las actitudes cambian, y pronto veremos nacer una nueva ciencia. Debemos resolver, desanudar, dar, perdonar, liquidar deudas e inventar soluciones. Este es el momento de enmendar los errores, retrazar la circulación del agua hasta su fuente. Esta es la vuelta de la luz y como ciegos tenemos que escalar esta ladera para alcanzarla. El ojo no pudo ver porque el conocimiento se encontraba bajo tierra. Otra vez, el mundo estuvo lleno de soles. Otra vez, las maravillas estaban en la gruta.

Hemos circulado, hemos intercambiado. ¿Cuáles fueron los objetos, cuáles los caminos, las vías de la soledad, de la cacería del saber, del trabajo; cuál la inteligencia, la flexibilidad, las renuncias, las promesas? El invierno fue frío cuando lo esperábamos moderado, y dulce cuando debió ser riguroso. Aquel que lo tenía todo ha quedado arruinado; aquel que lo había perdido todo heredó una fortuna. Ésta, sin más, es la historia de los periodos humanos y de las épocas de la Tierra. El mundo que se decía viejo, es decir, el padre, gastó sus energías dando órdenes sin decir sus razones, pero la energía es cuantificable y las órdenes no se han aceptado. Buscando lo mejor ha robado a todo el mundo, ya que nada de lo que tenía el mundo pudo defender su valor. El extraño fue, como siempre, el supuesto ladrón, y el ladrón verdadero no era quien se creía. Todo eso lo hemos aprendido mientras la teoría del conocimiento se desvanecía en la realidad de lo real. El precio de esta información fue alto. ¿Cómo no iba a serlo si ahí está todo lo que quisimos saber sobre nuestro tiempo contemporáneo: el lugar filosófico donde se ubican las fuerzas y los equilibrios y las energías y la historia que todos ellos inducían?

Ahora ha quedado claro —esta es la ética— que el misterio es el saber de todos y el saber es la propiedad de todos. Lo que no cambia es la necesidad de la ideología. Lo que cambia es el orden, la ciencia, lo que podemos construir. Nuestra humanidad acelera cada vez más sus tiempos. El relato viaja lentamente y el hombre sueña pronto: estos son los lugares de la práctica, pero la única manera de no dañarnos mutuamente es buscando el camino más largo, para que existan un tiempo y seres y cosas que diferencien el campo uniforme del planeta.

No he tallado este pequeño libro como una piedra para transformar un camino en un laberinto de salida obligada. Sé con creces que la verdad no es más que una esperanza. No estoy buscando un polo para que todo lo demás se organice alrededor suyo. Solo digo que estas heridas antiguas se encuentran al pie de un árbol magnífico, entre serpientes y sapos. A nosotros toca escoger: ¿o la serpiente o el árbol? El paraíso no es una realidad, solo es posible si sabemos que la tierra es finita; es decir, si aprendemos la humildad.

Polibio de Arcadia dejó un hijo en México. Él volvió para morir entre los aqueos.

Índice